Animals & Alphabet
Handwriting Workbook

This workbook belongs to:

____

- -

____

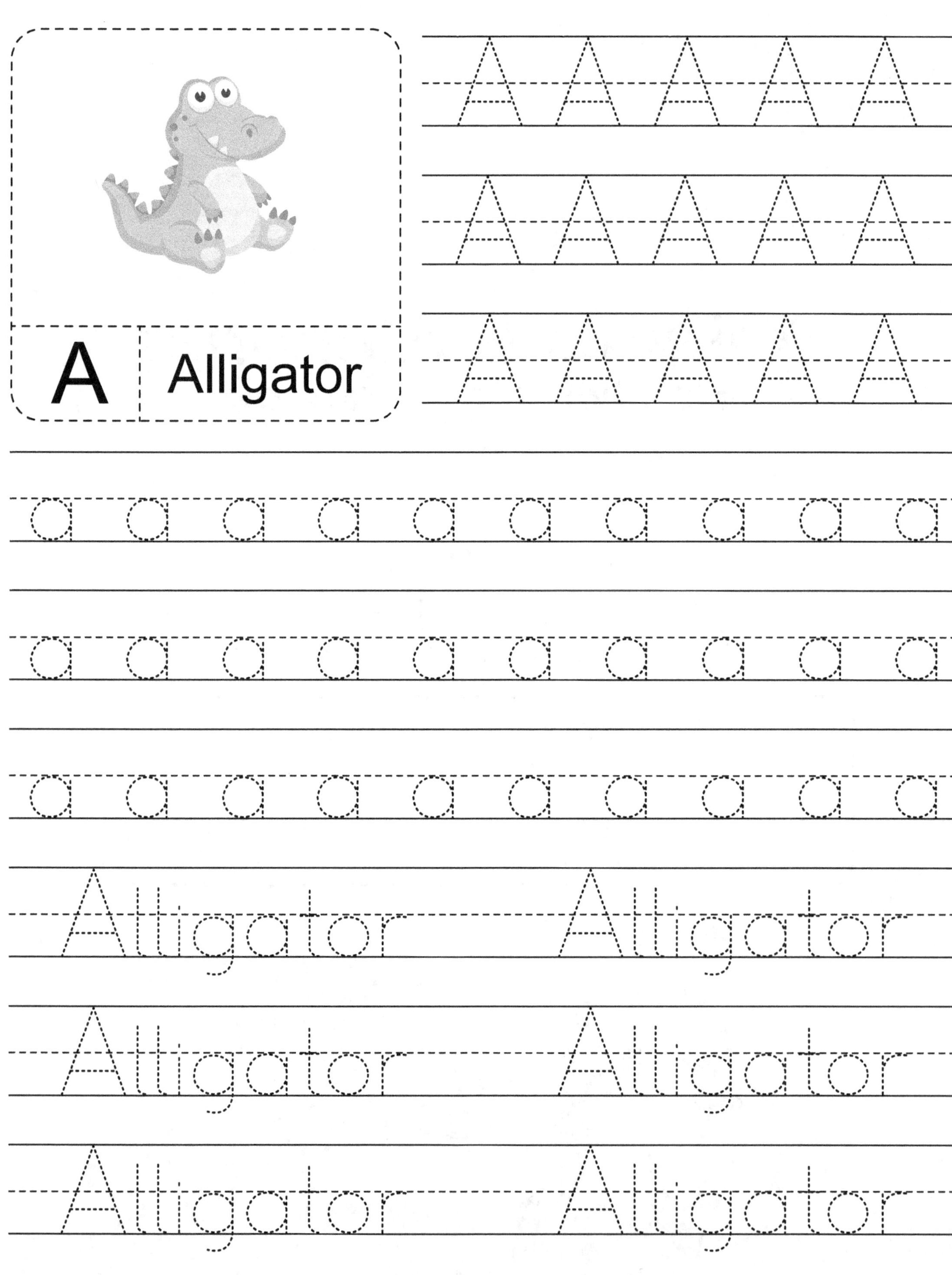

A Alligator
A A A A A
A A A A A
A A A A A
a a a a a a a a a a
a a a a a a a a a a
a a a a a a a a a a
Alligator Alligator
Alligator Alligator
Alligator Alligator

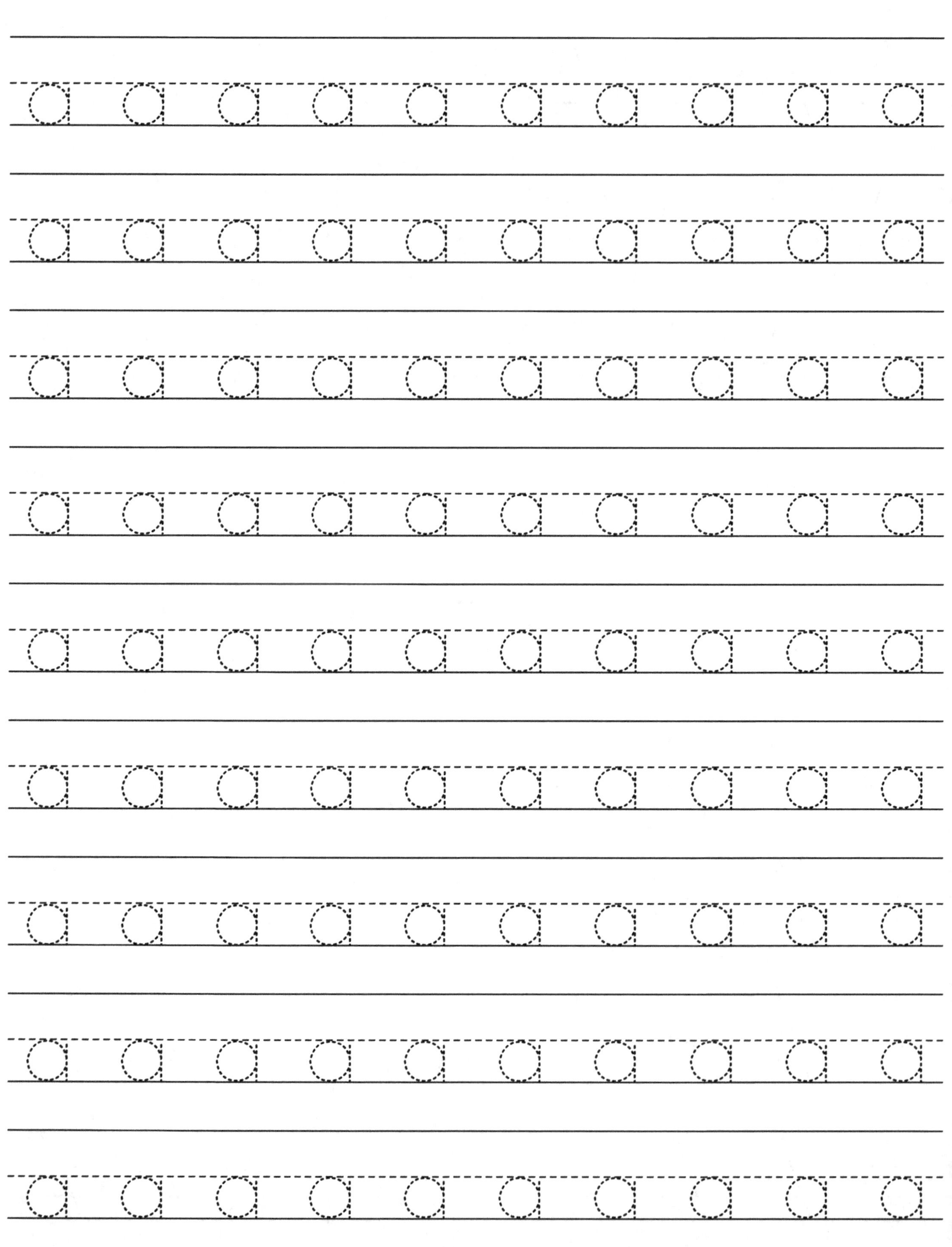

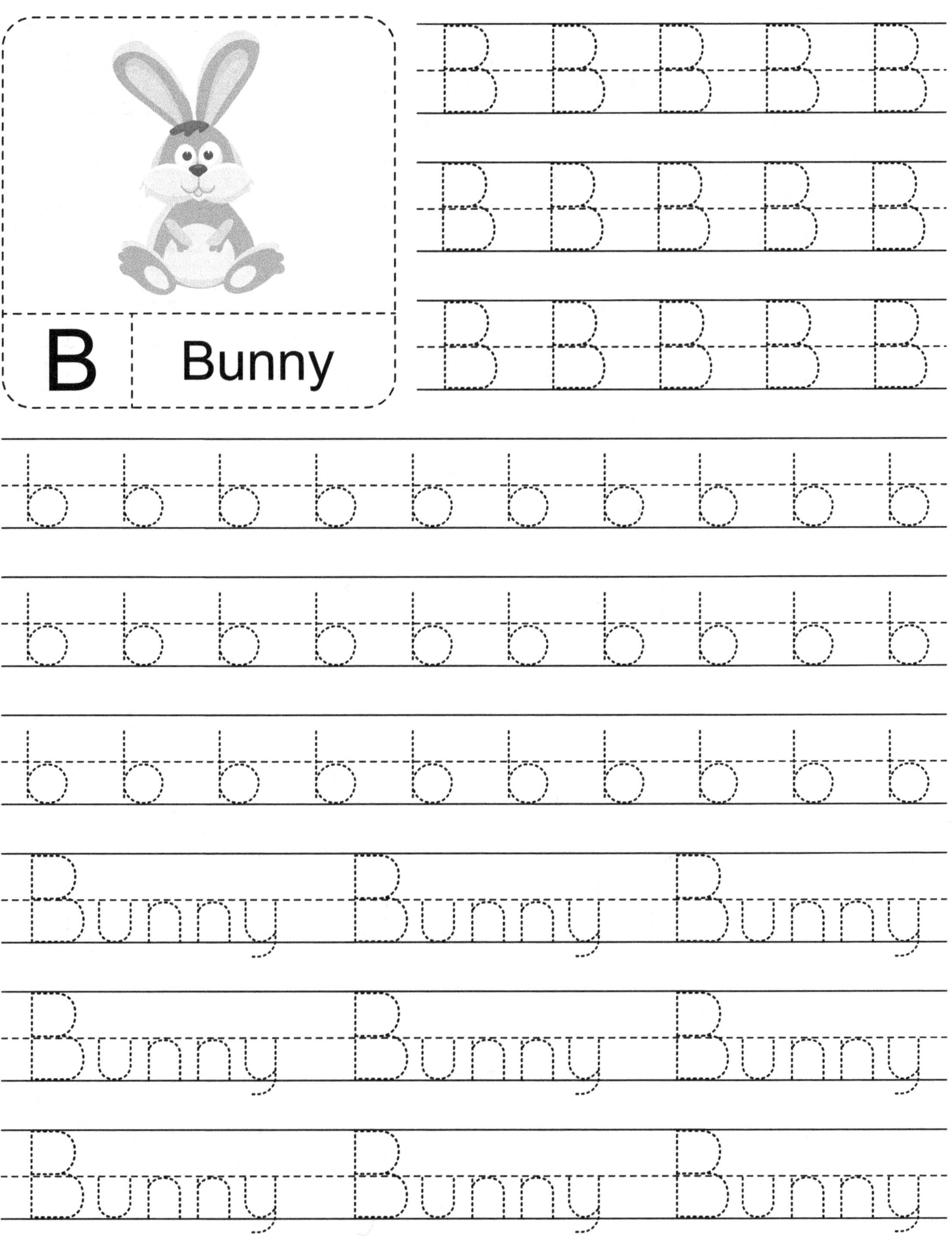

B
Bunny

B B B B B B B B B
B B B B B B B B B
B B B B B B B B B
B B B B B B B B B
B B B B B B B B B
B B B B B B B B B
B B B B B B B B B
B B B B B B B B B
B B B B B B B B B

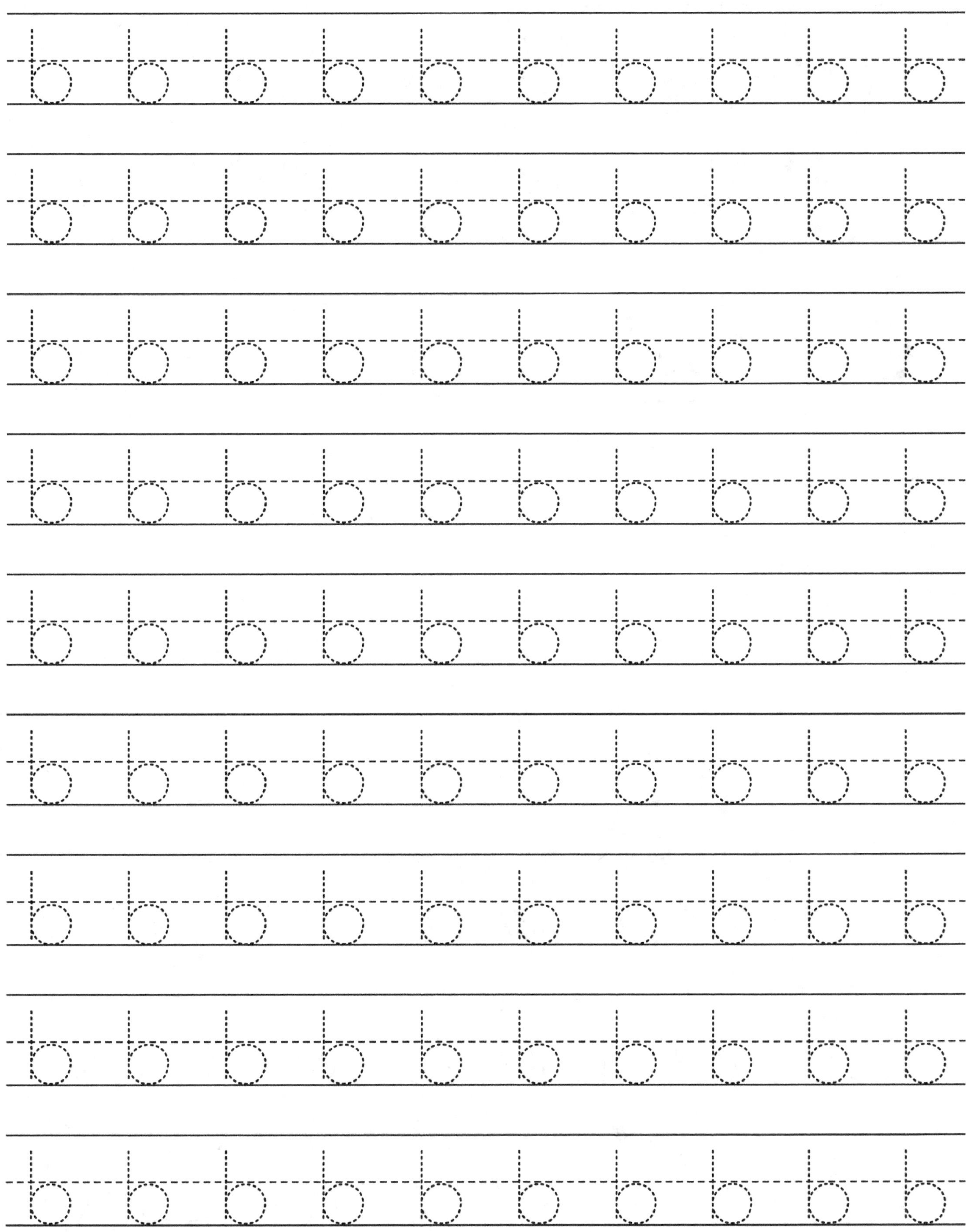

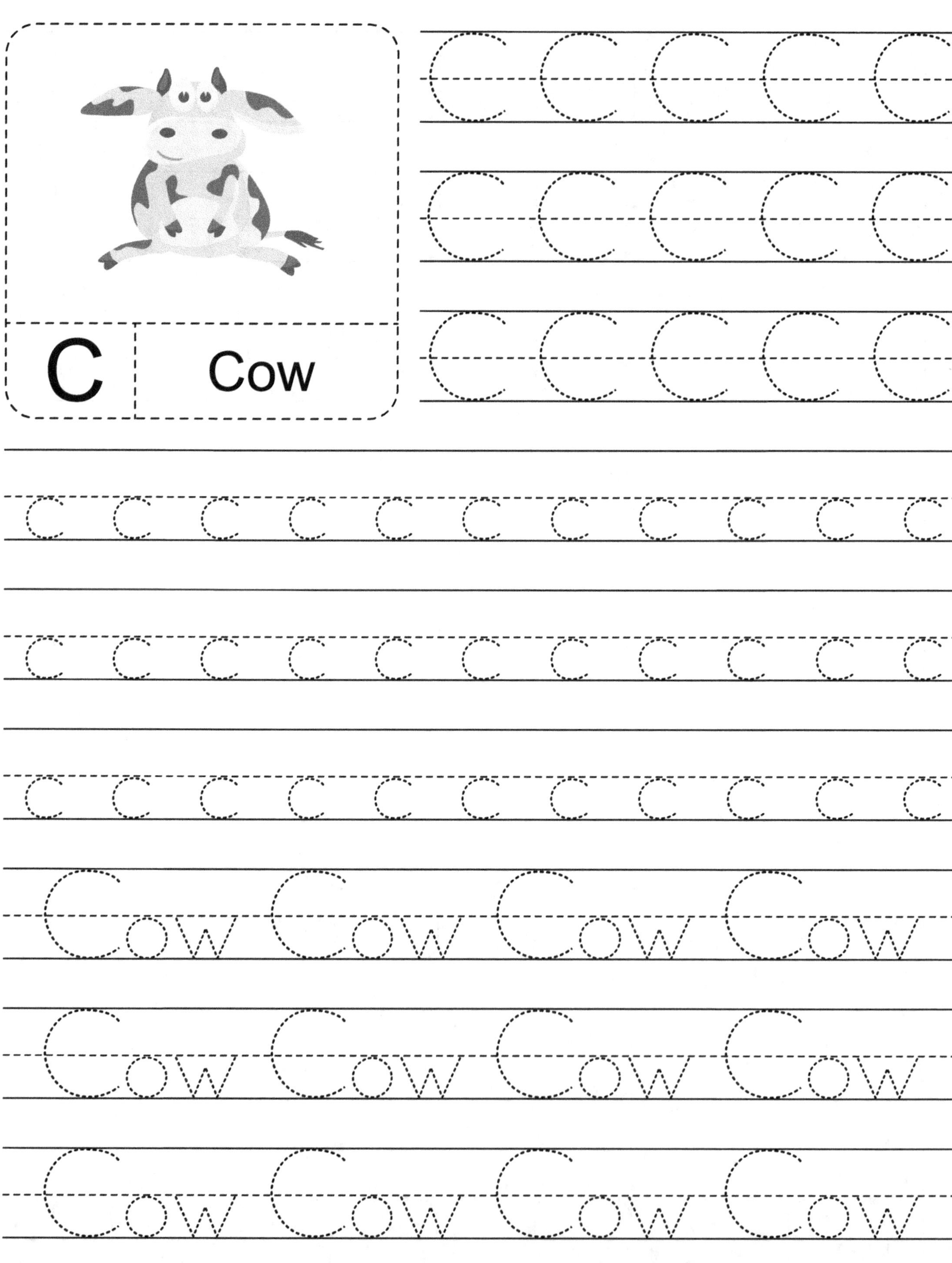

C

Cow

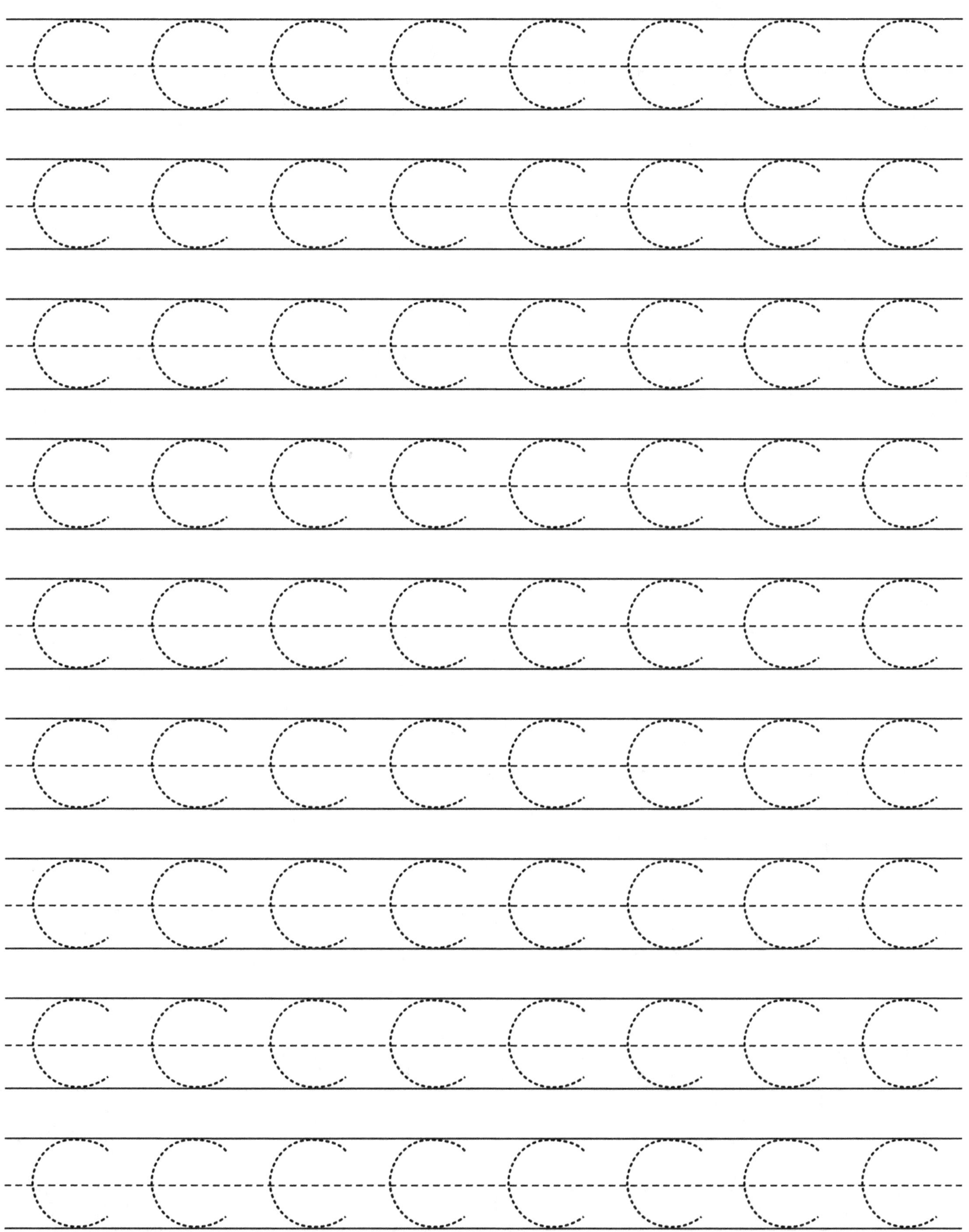

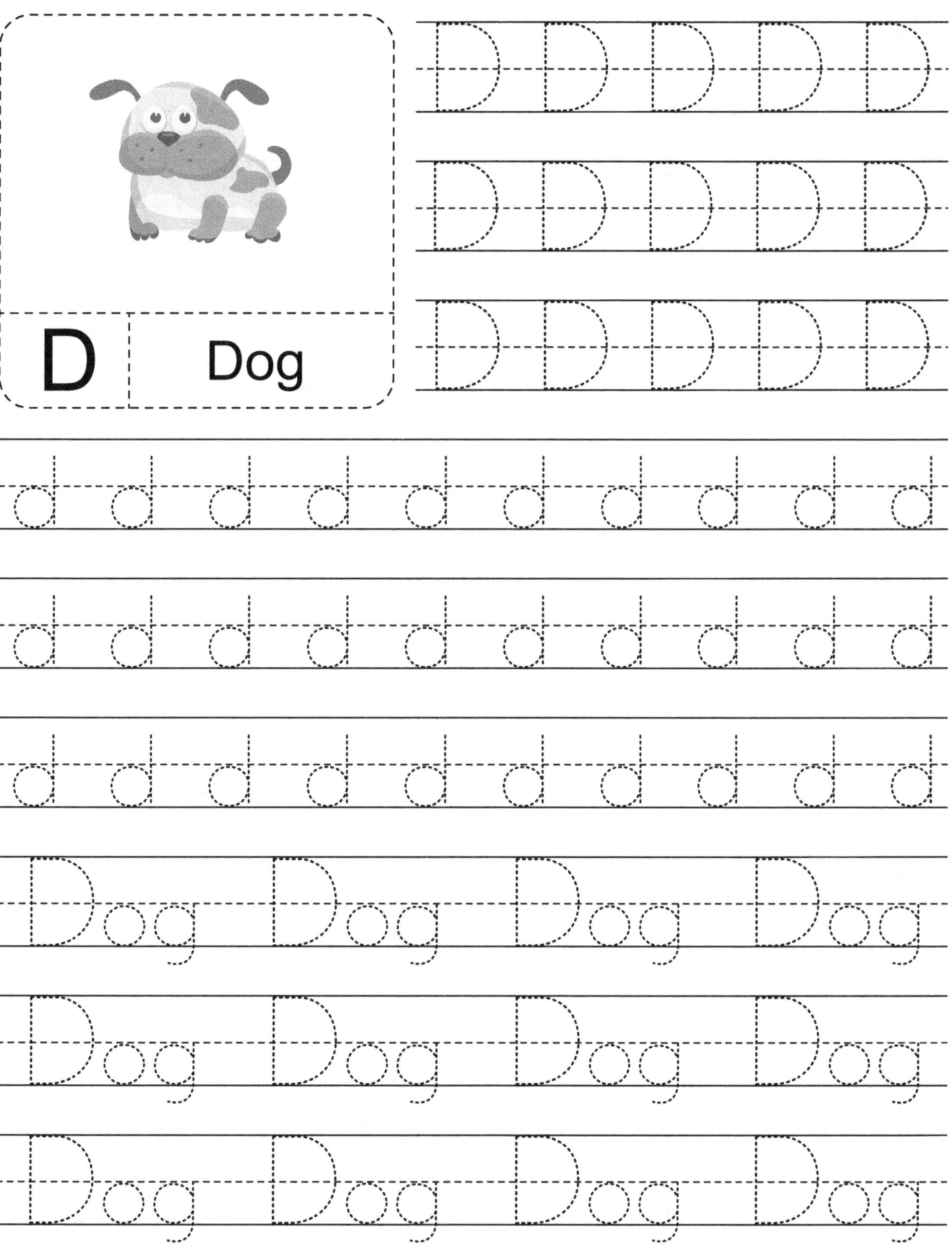

D
Dog

D D D D D D D D

D D D D D D D D

D D D D D D D D

D D D D D D D D

D D D D D D D D

D D D D D D D D

D D D D D D D D

D D D D D D D D

D D D D D D D D

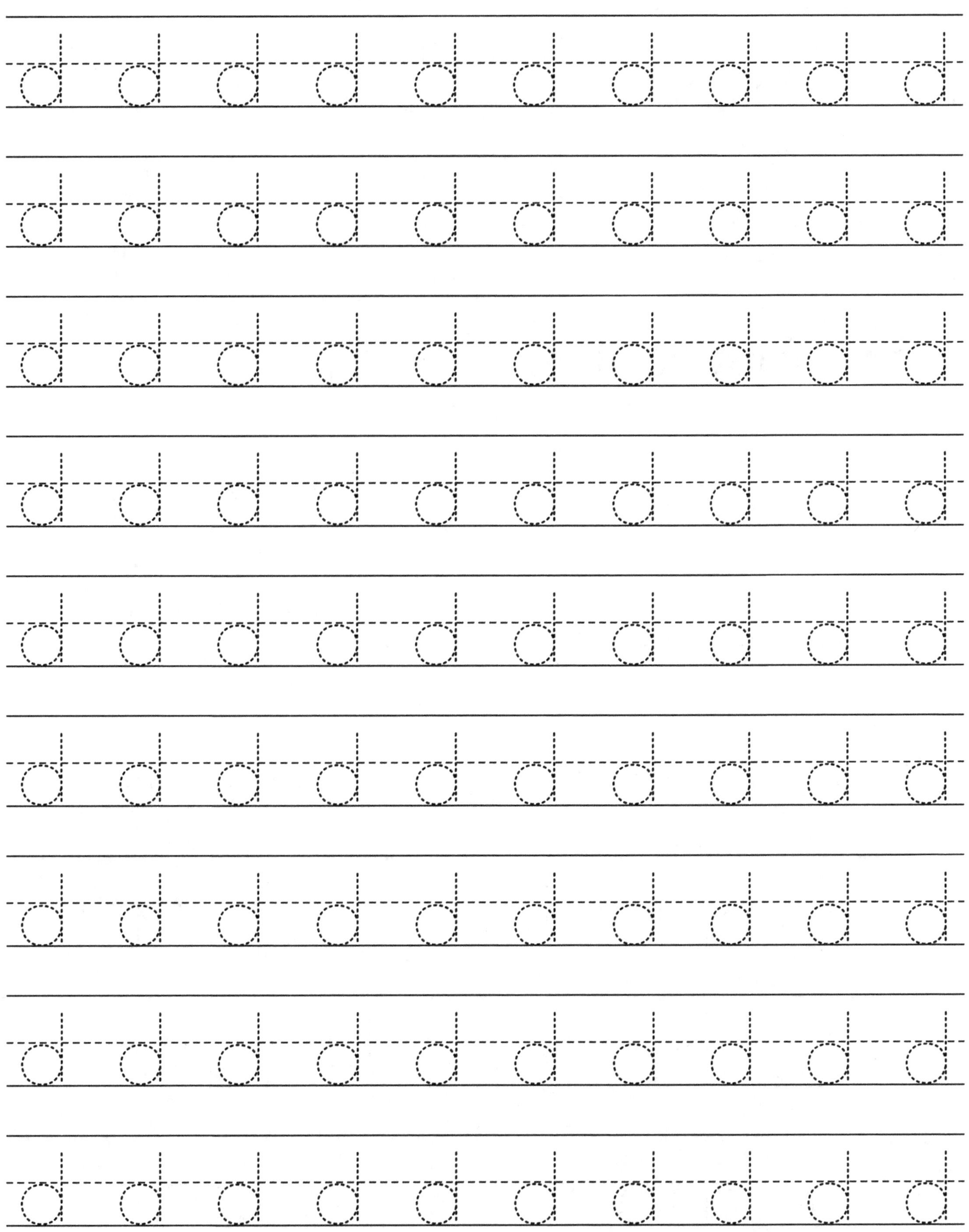

E Elephant

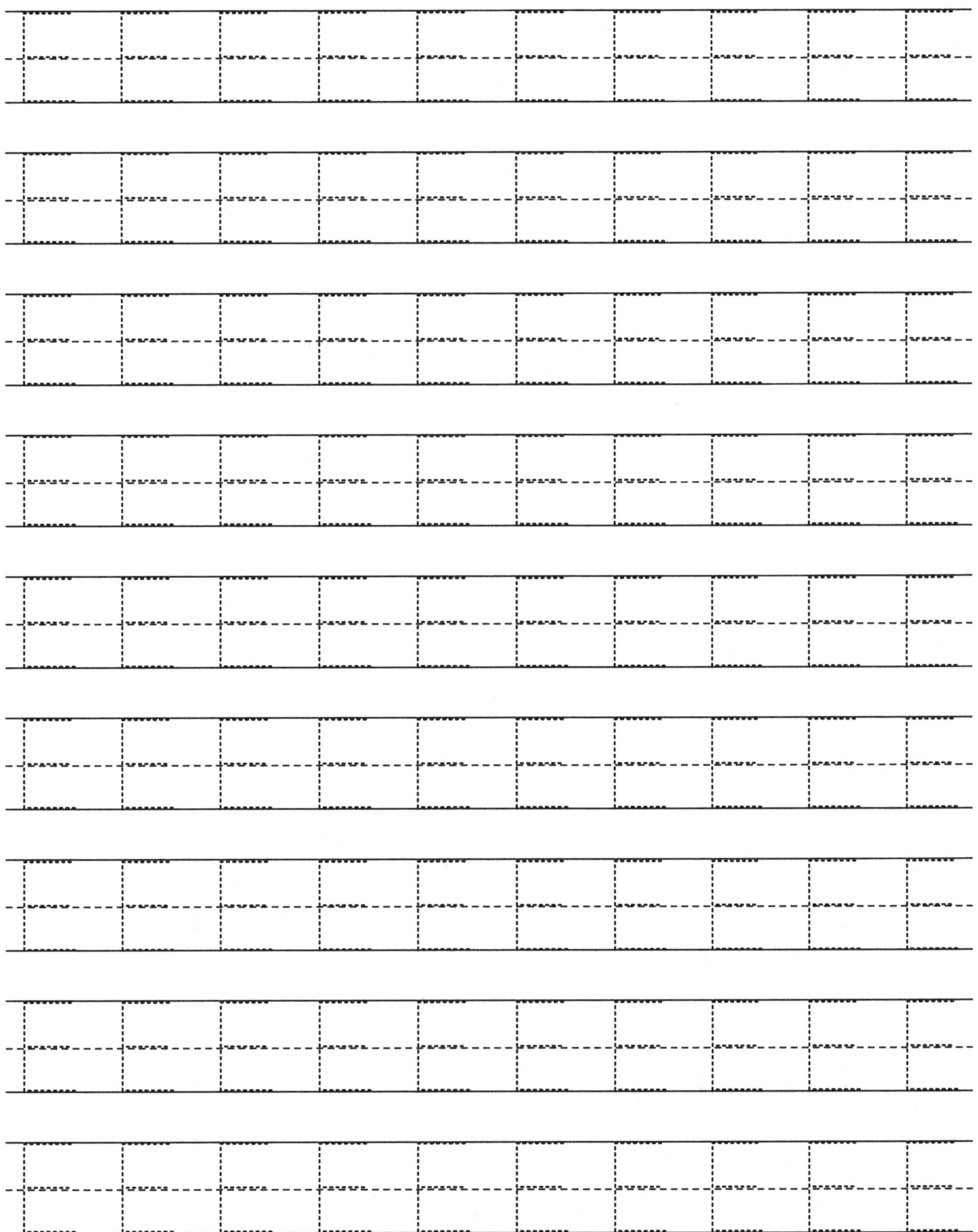

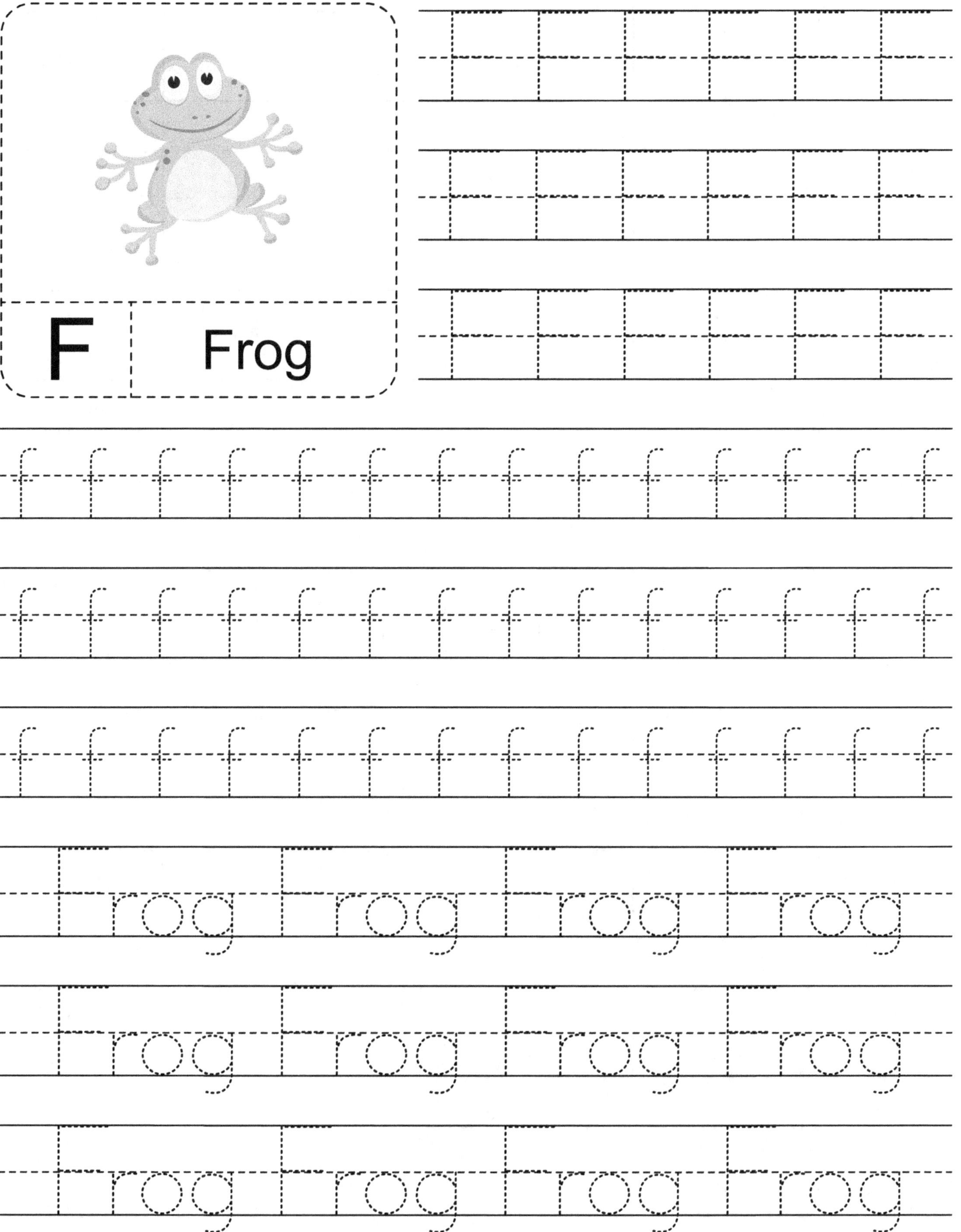
F
Frog
frog

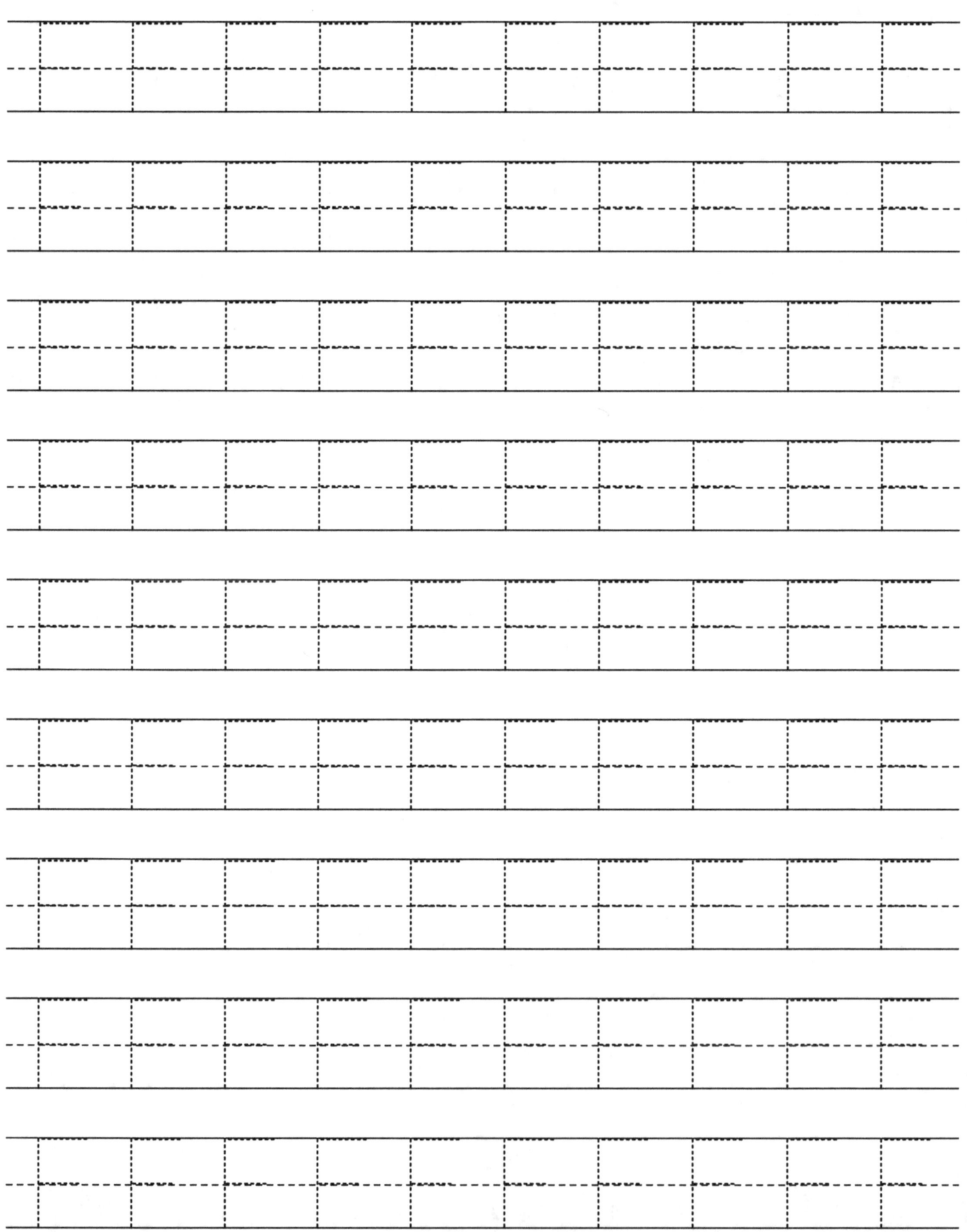

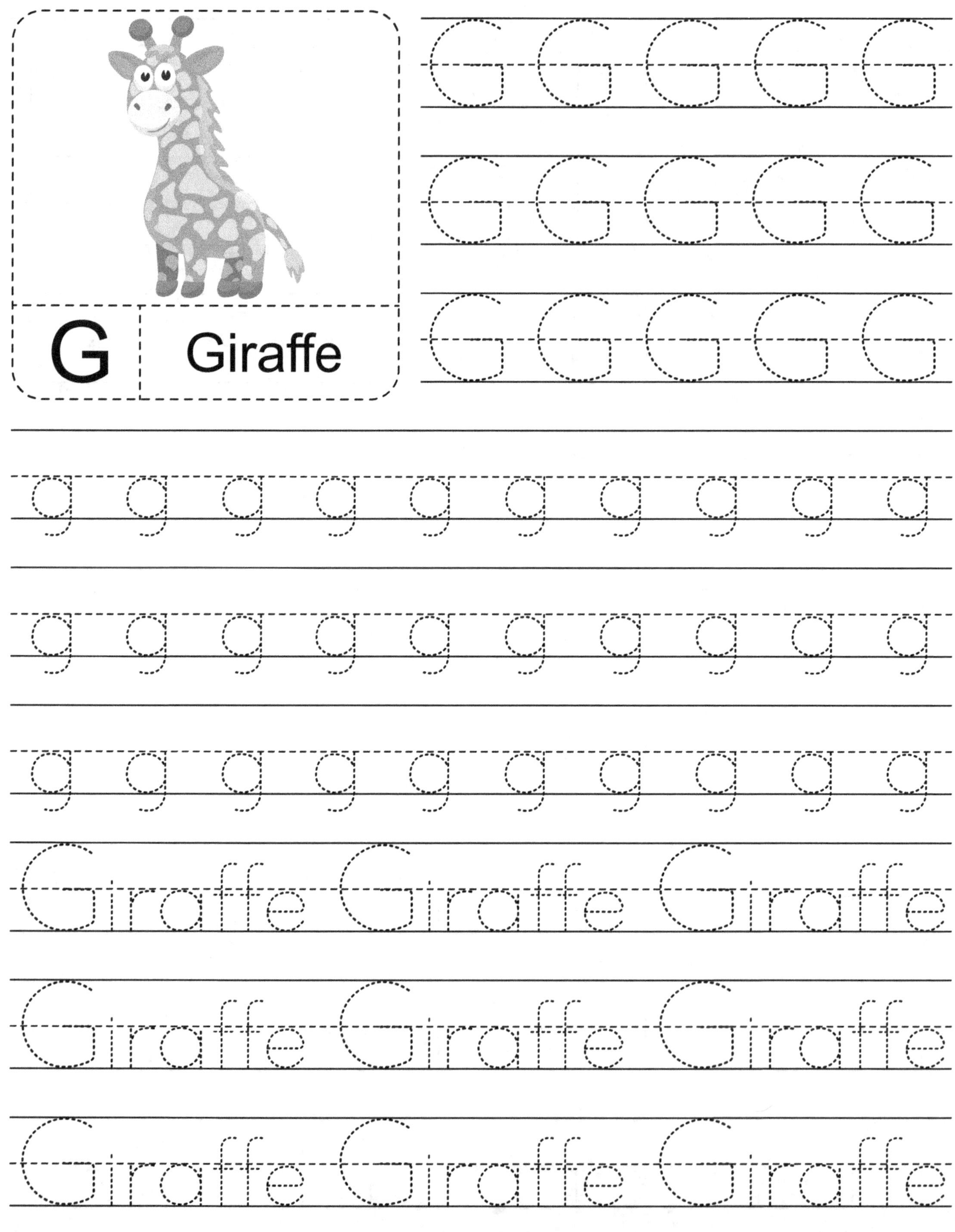

G

Giraffe

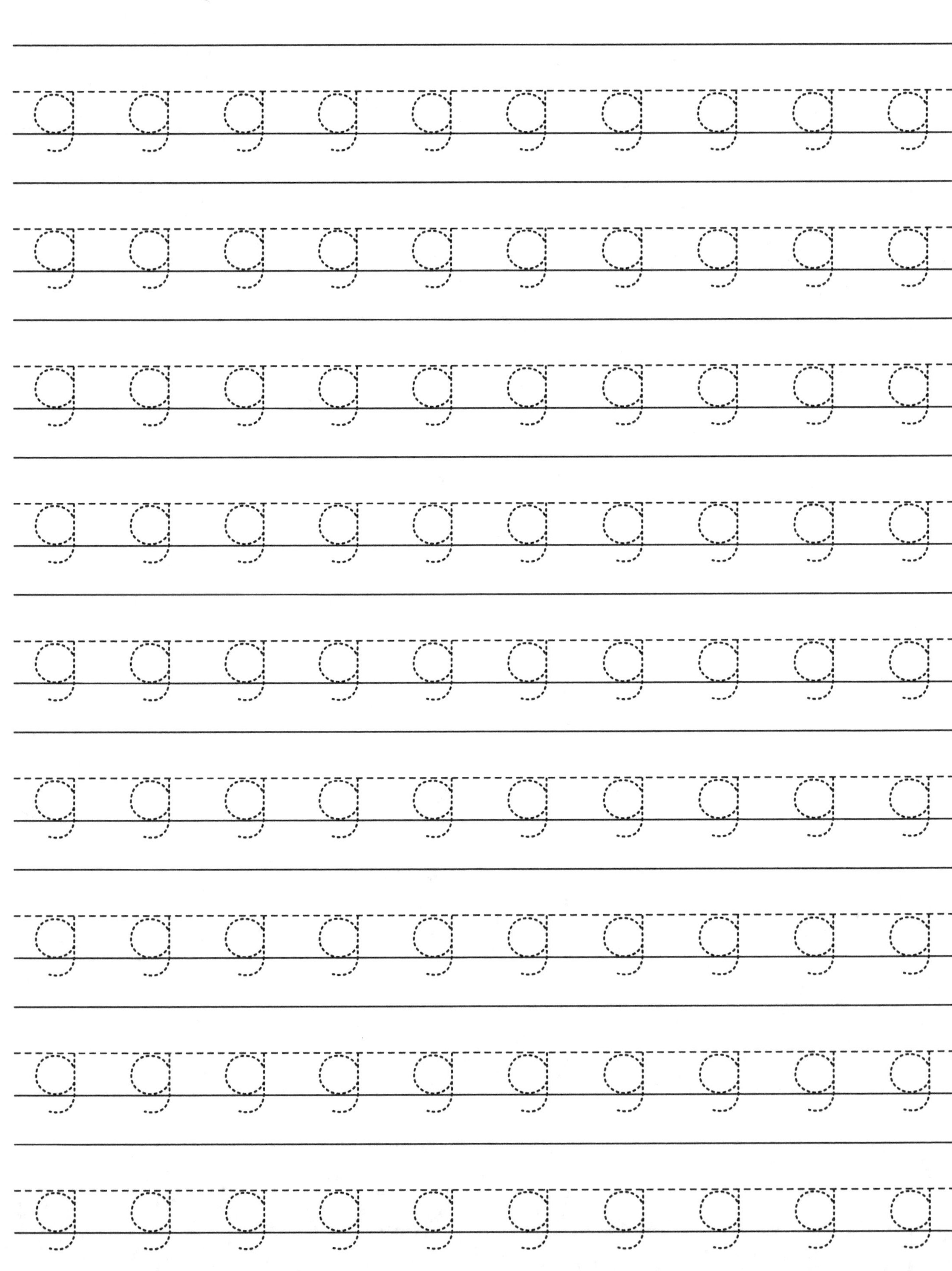

H Horse

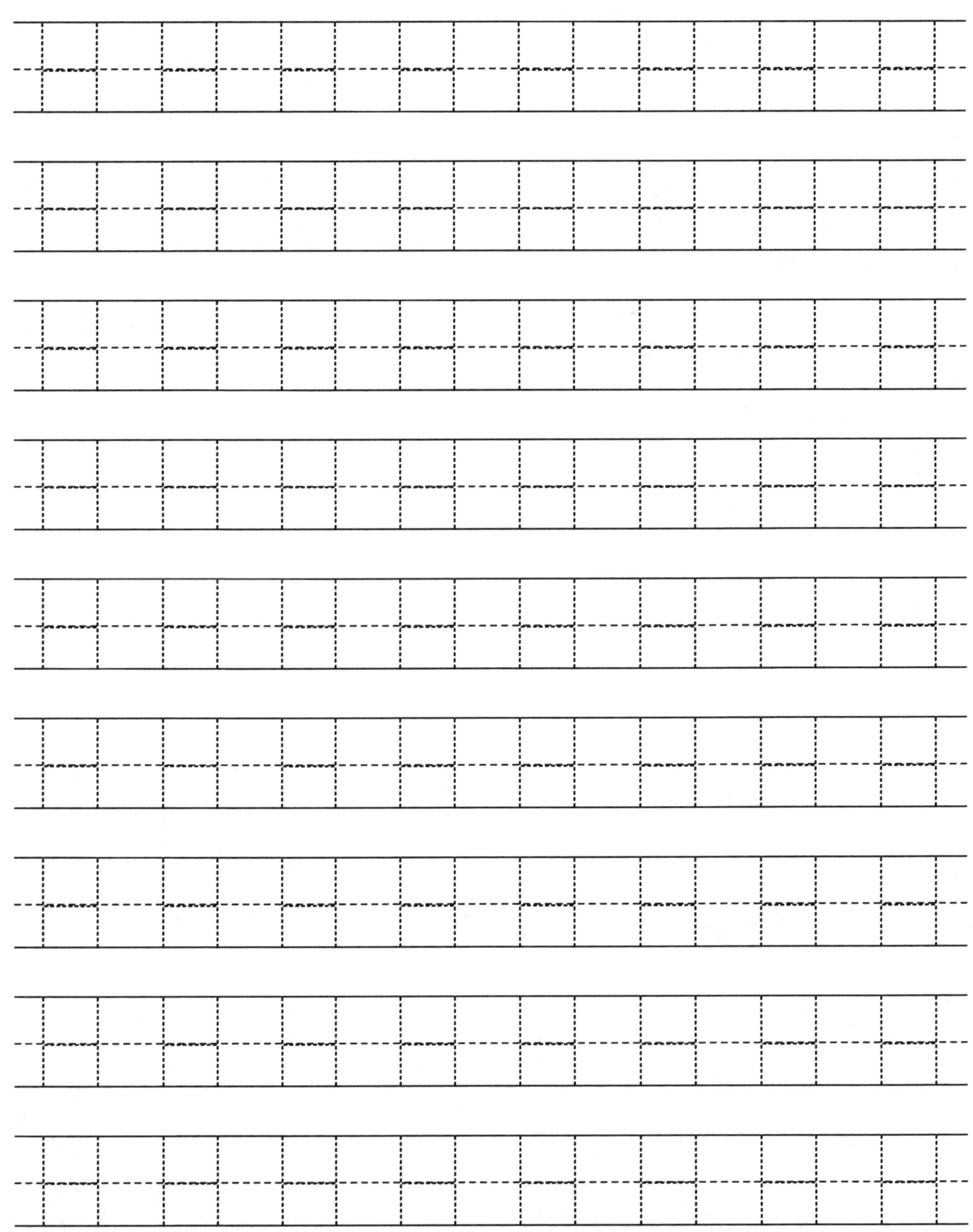

h h h h h h h h h h

h h h h h h h h h h

h h h h h h h h h h

h h h h h h h h h h

h h h h h h h h h h

h h h h h h h h h h

h h h h h h h h h h

h h h h h h h h h h

h h h h h h h h h h

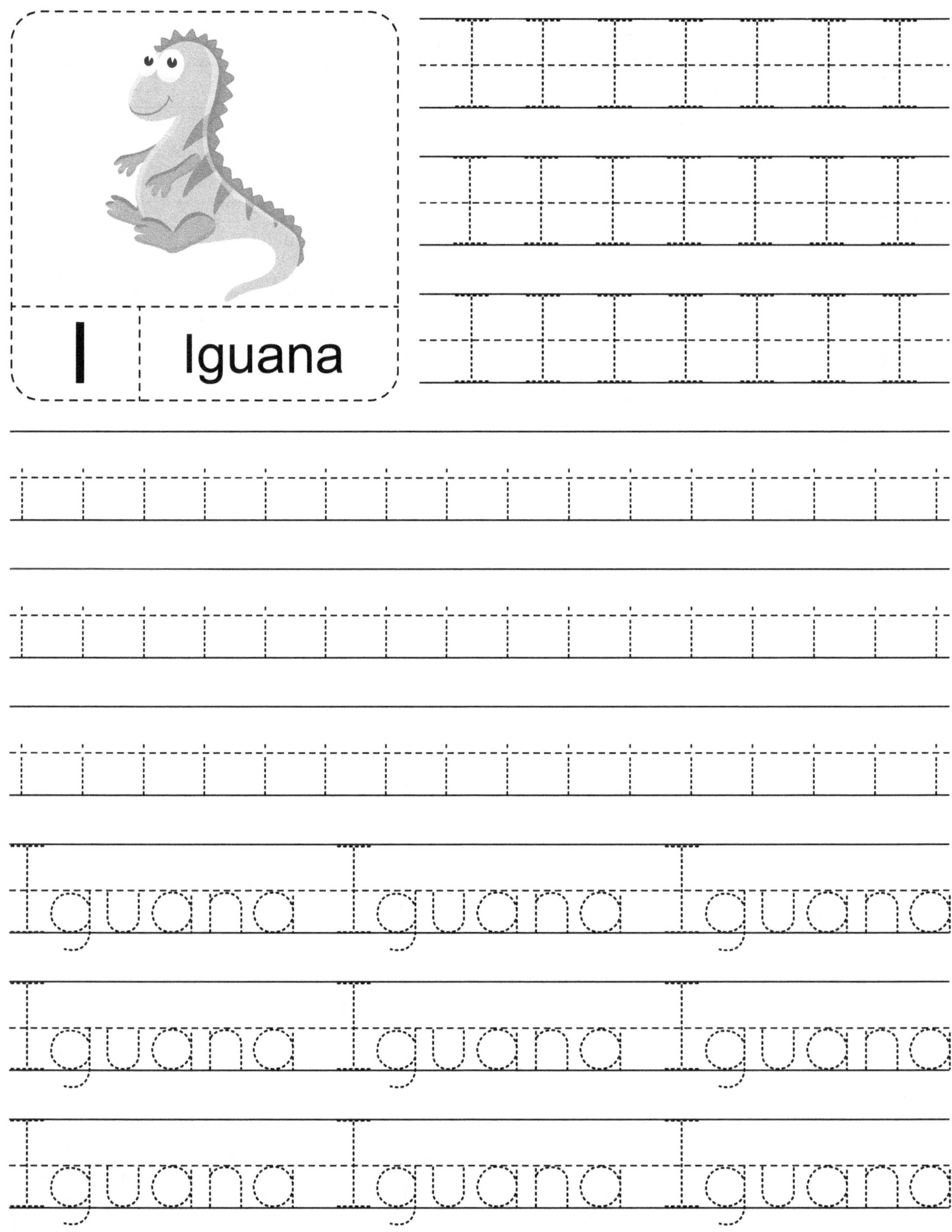
I
Iguana

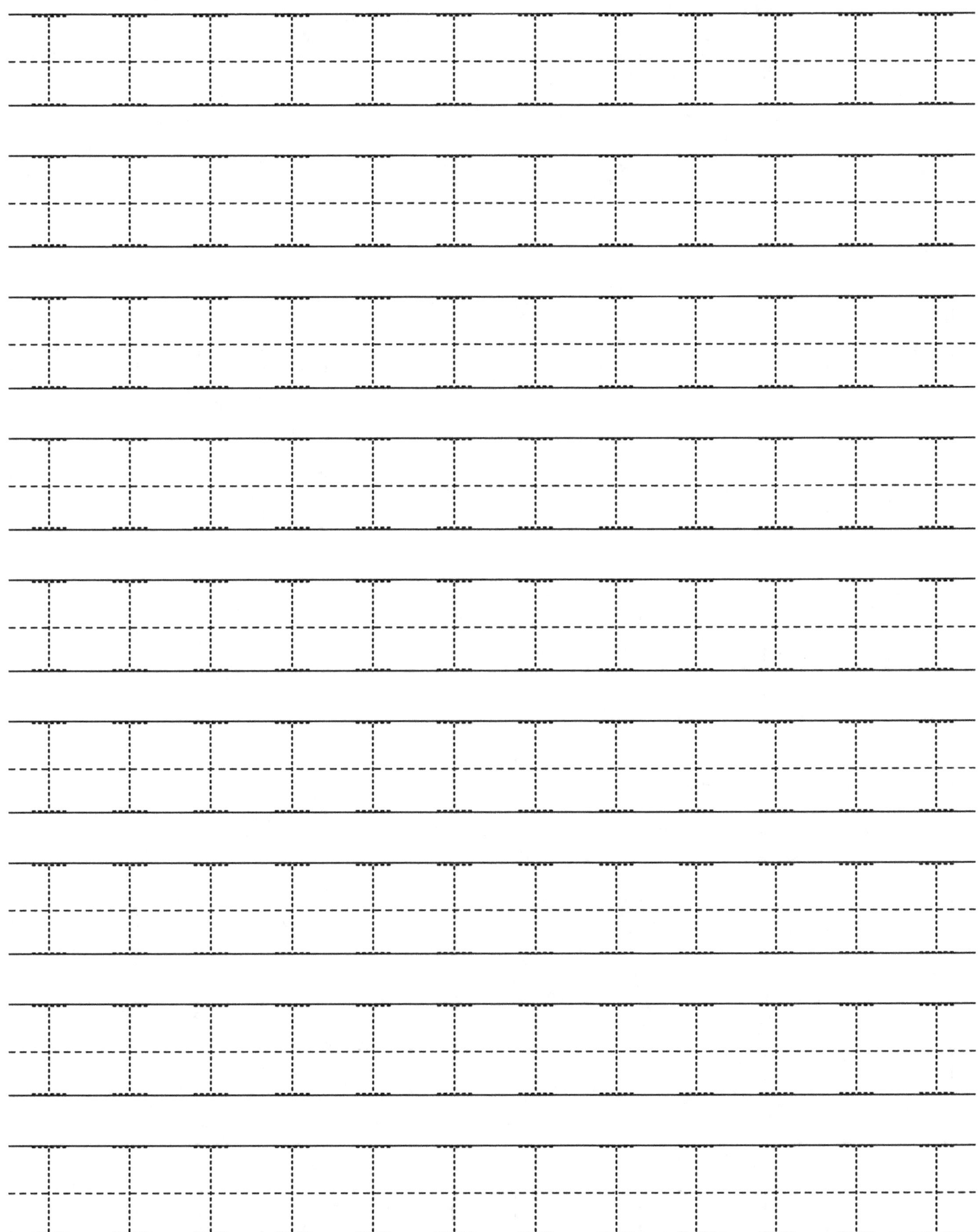

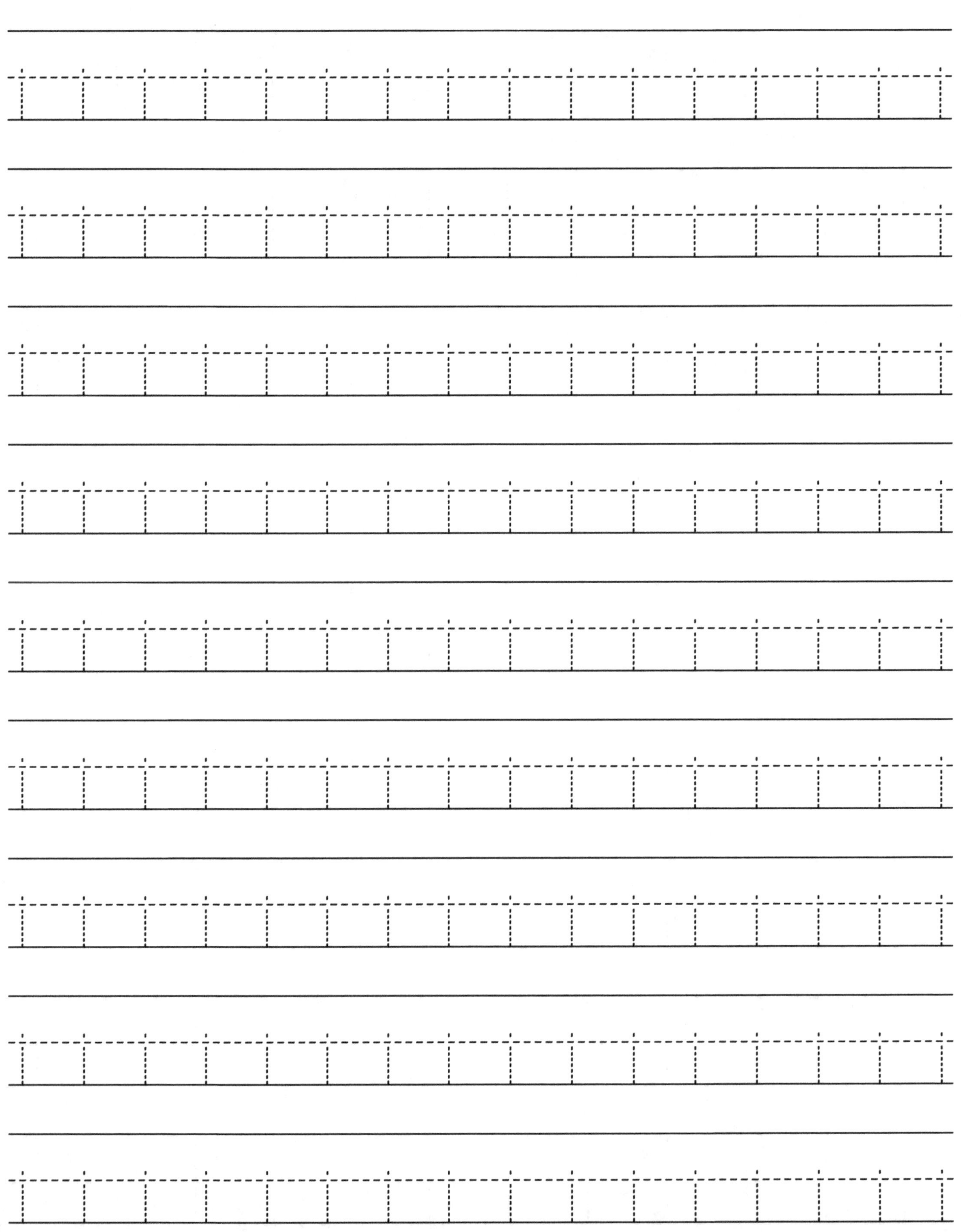

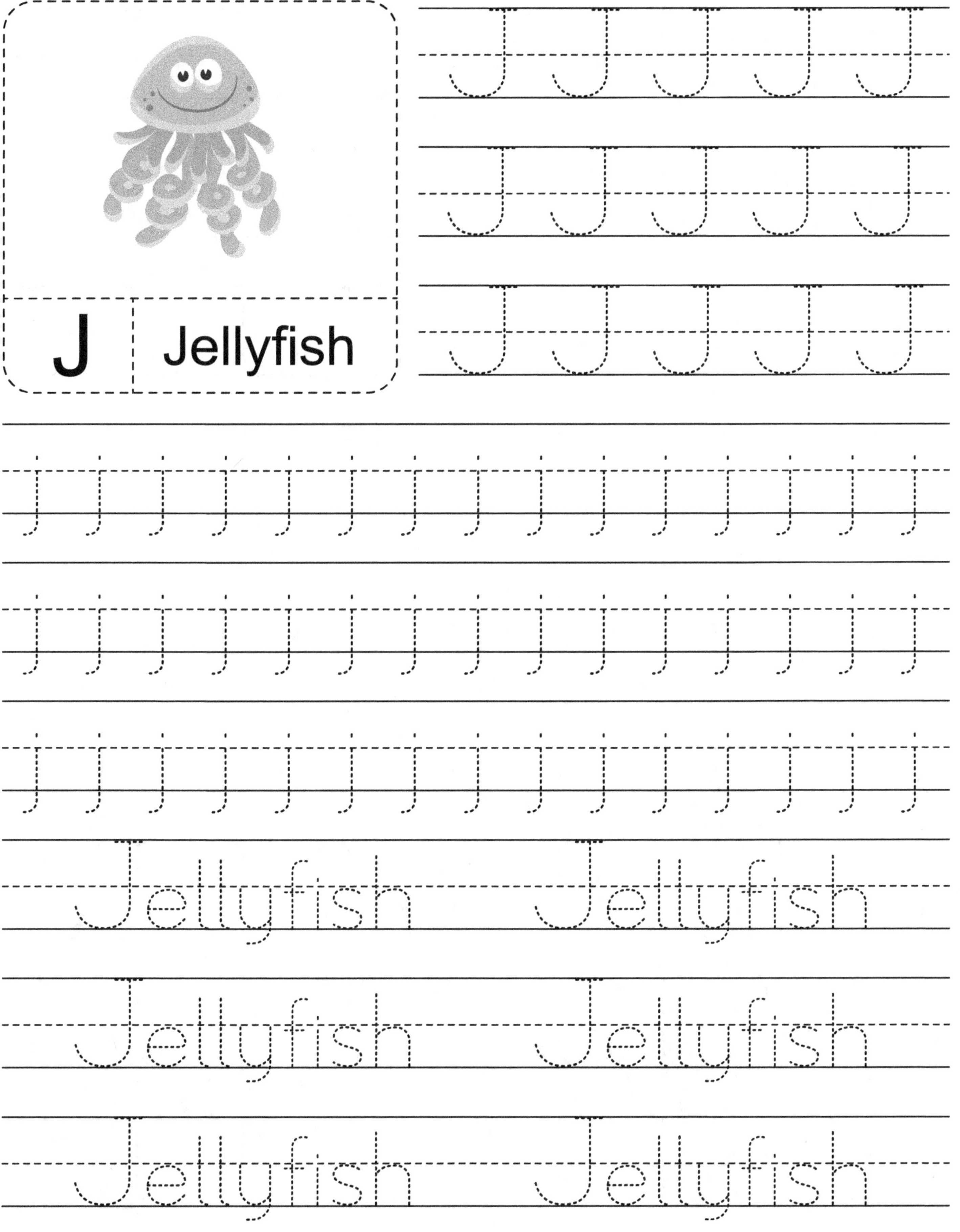

J Jellyfish
Jellyfish

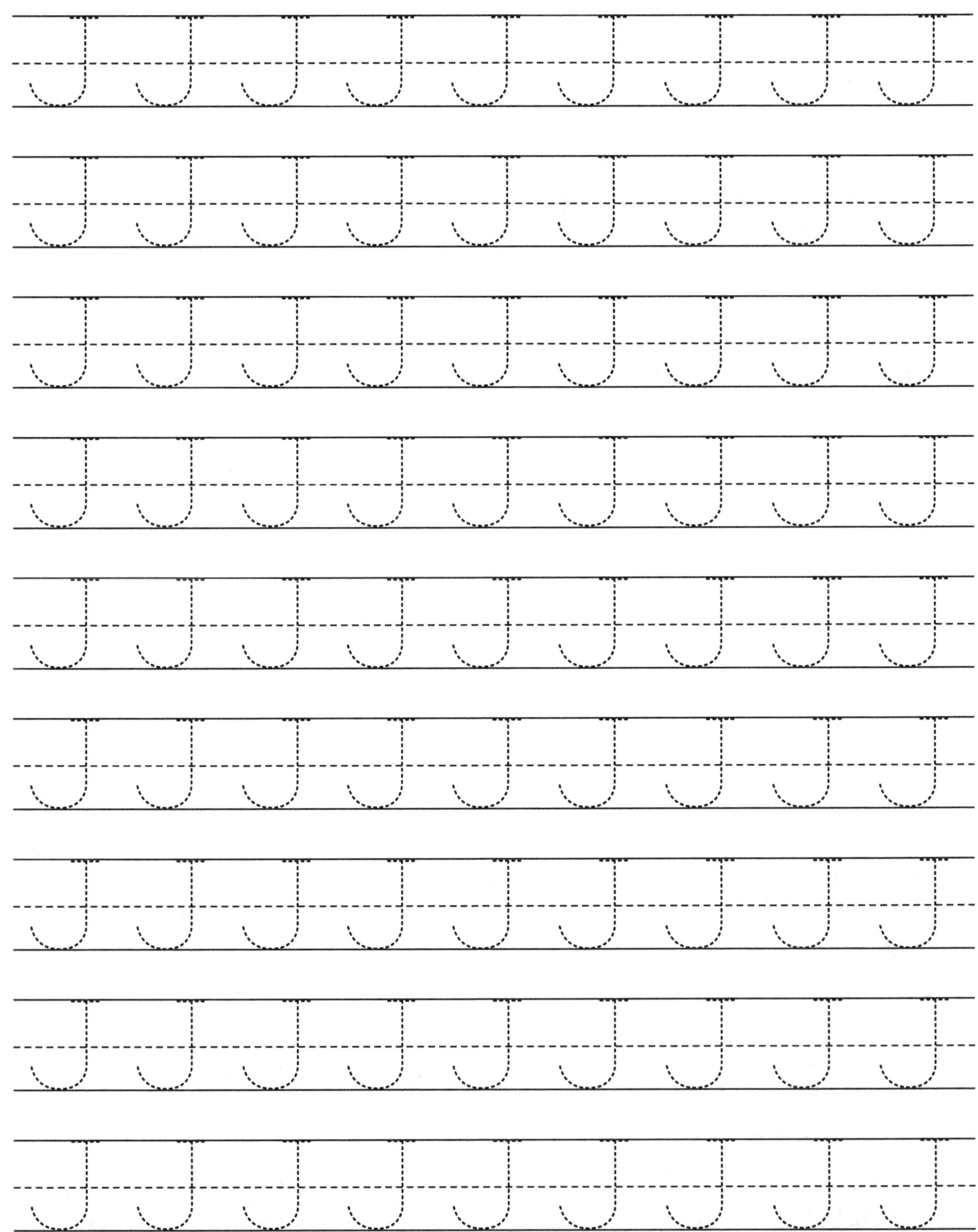

K Kangaroo

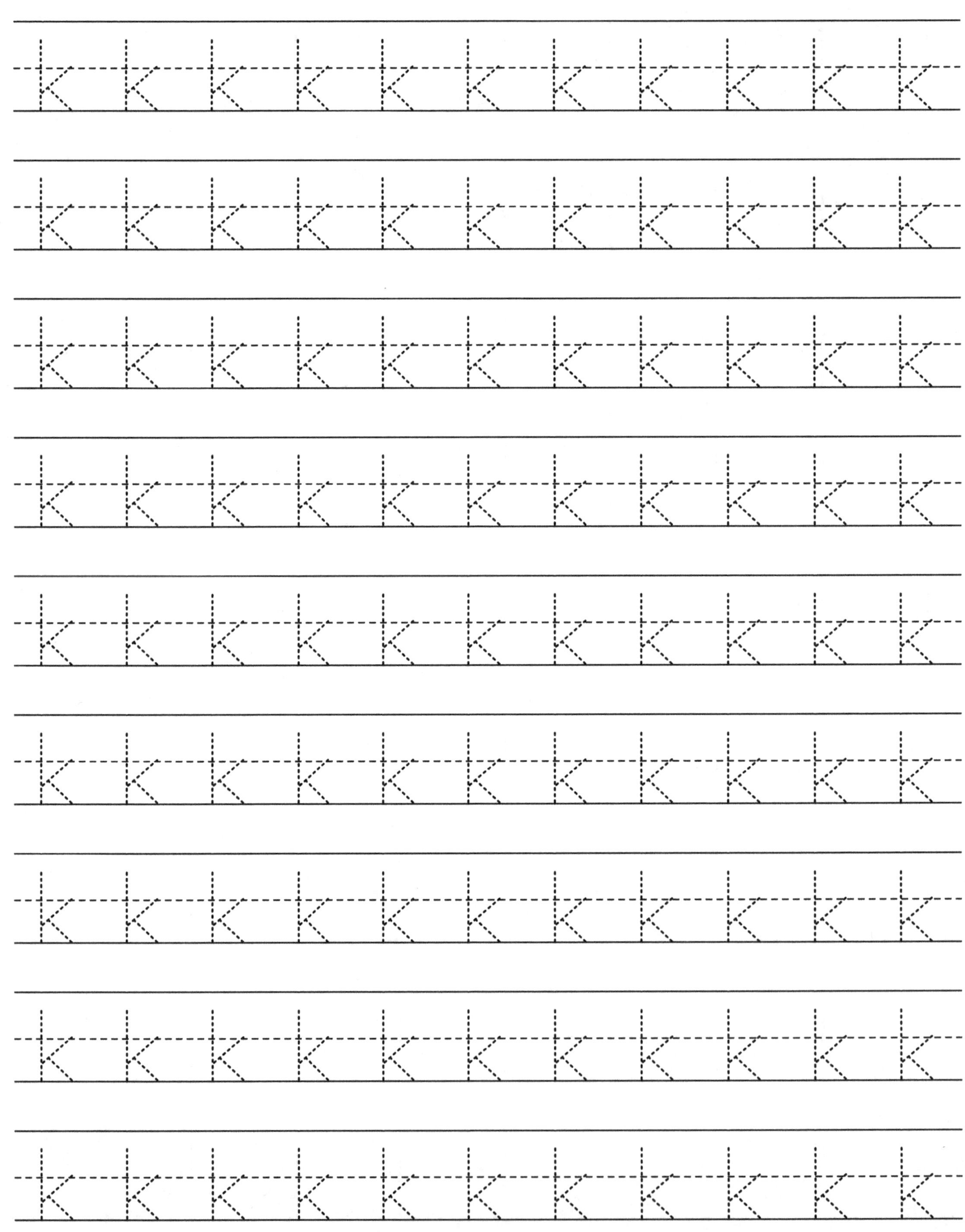

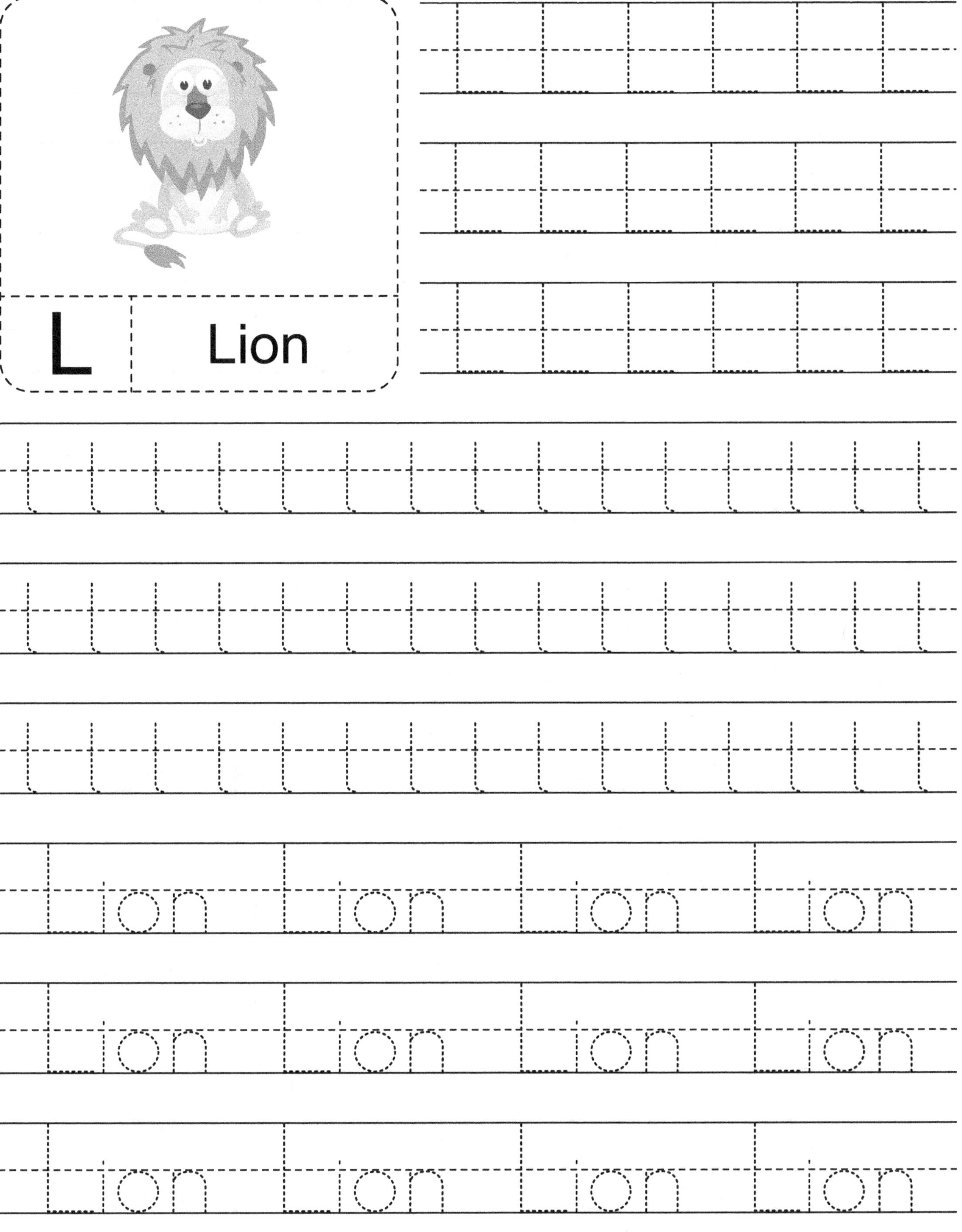

L
Lion

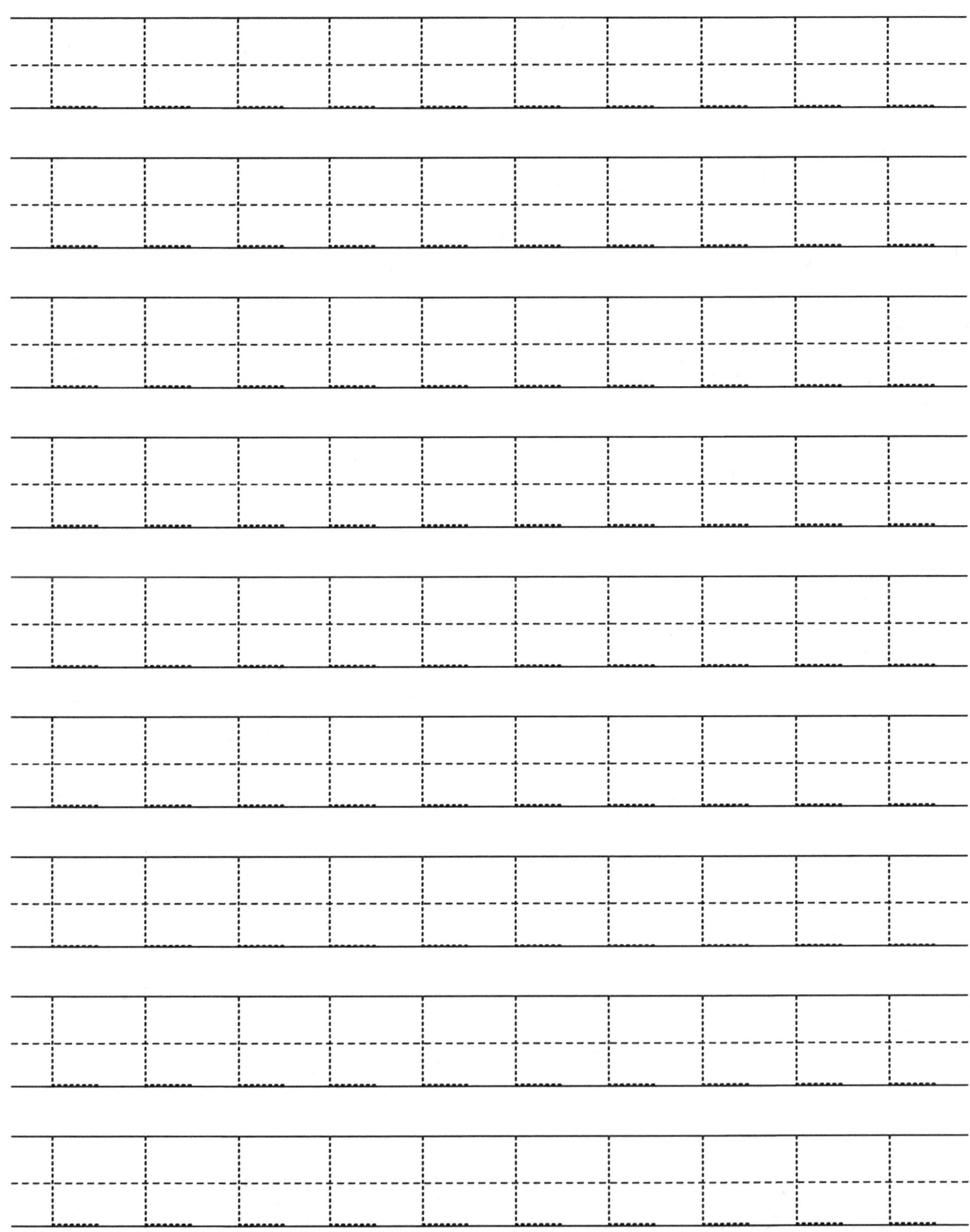

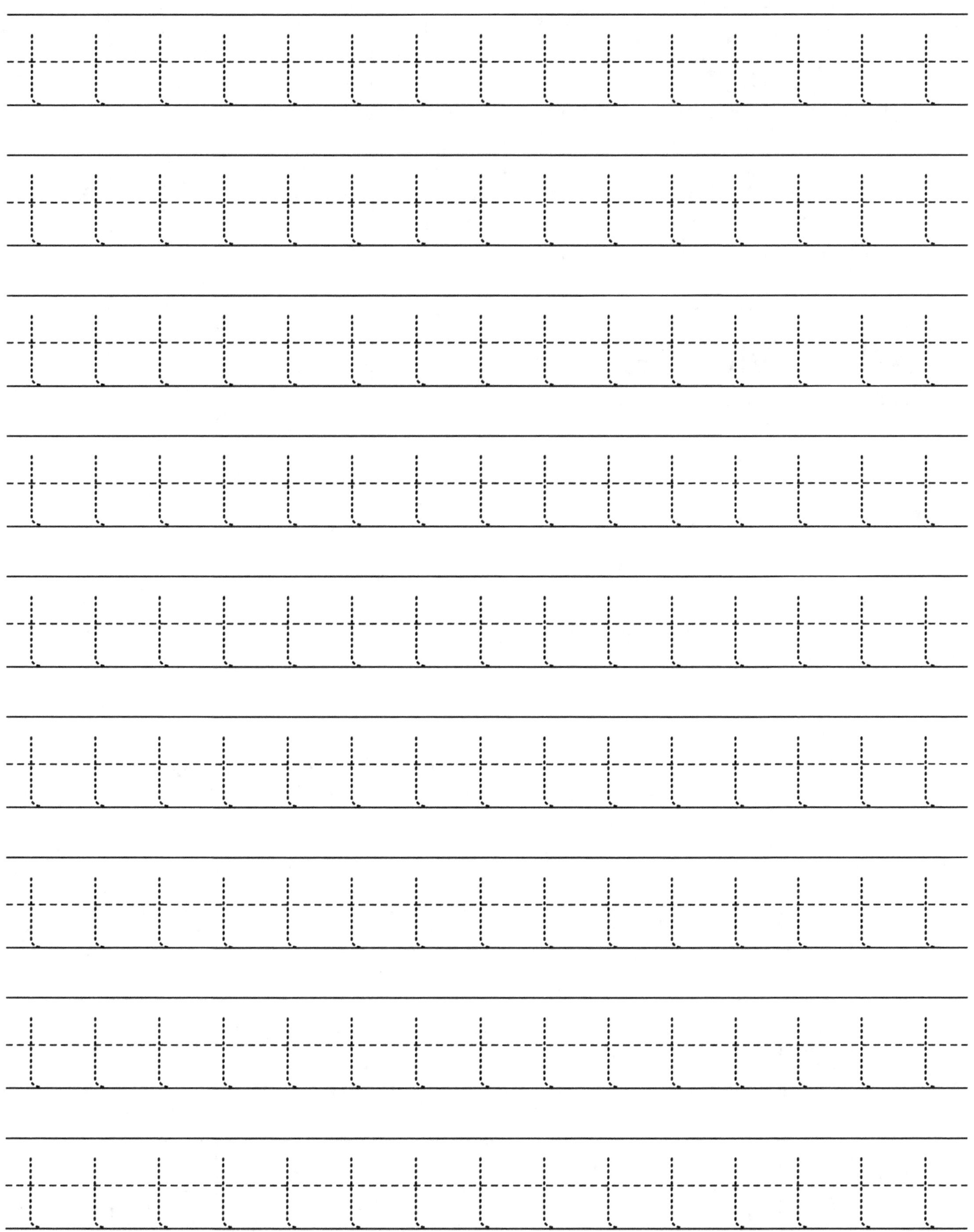

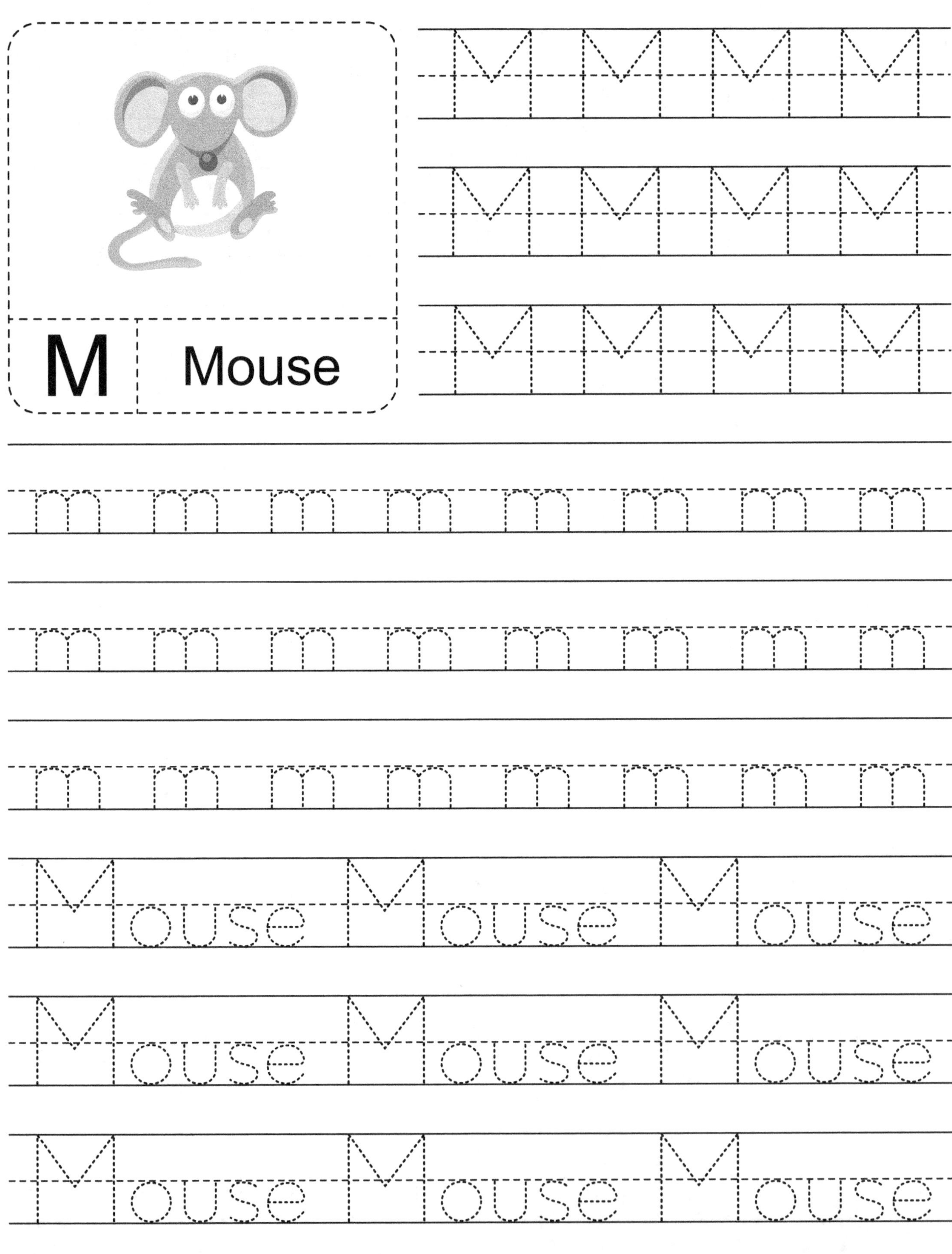
M
Mouse

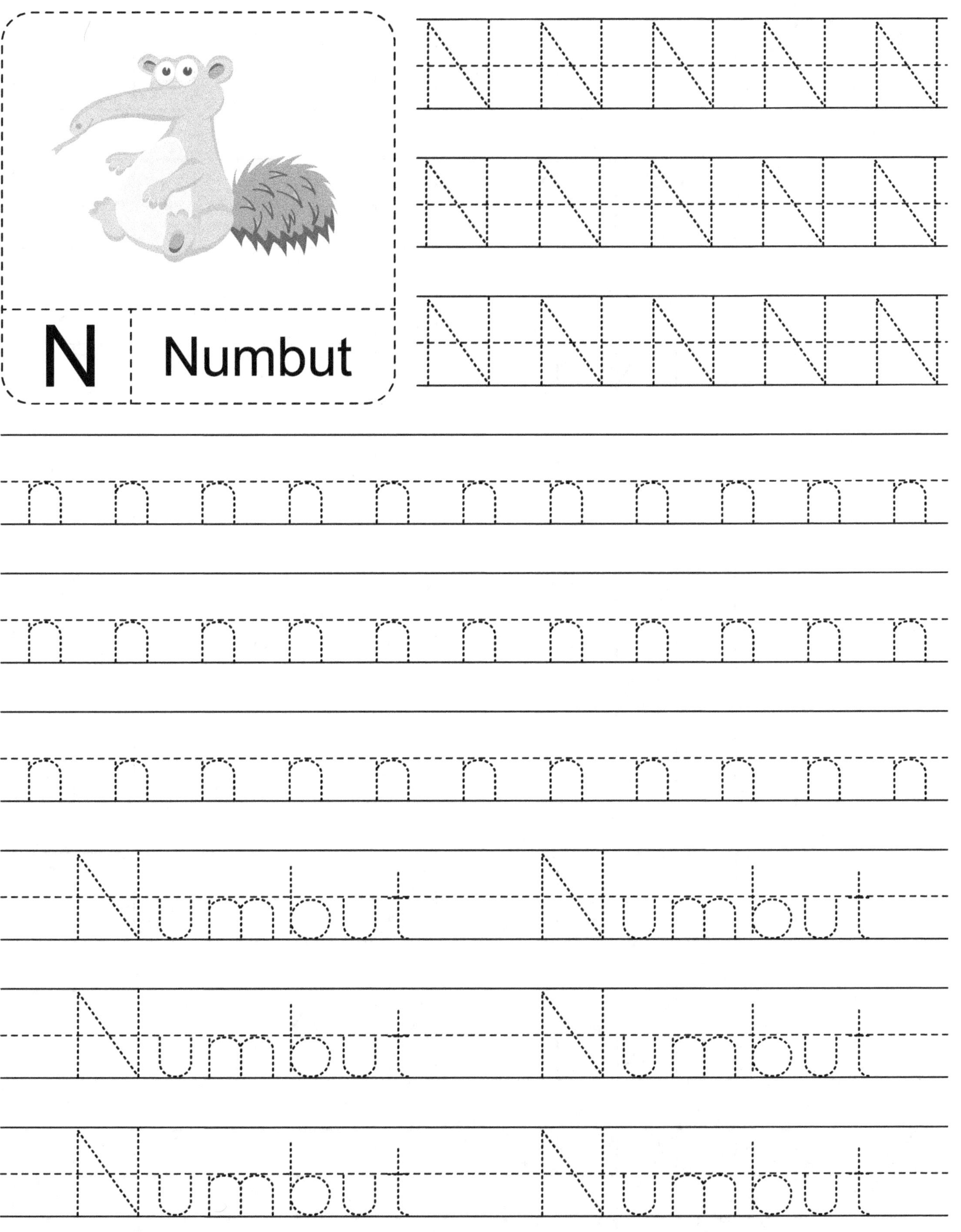

N
Numbut

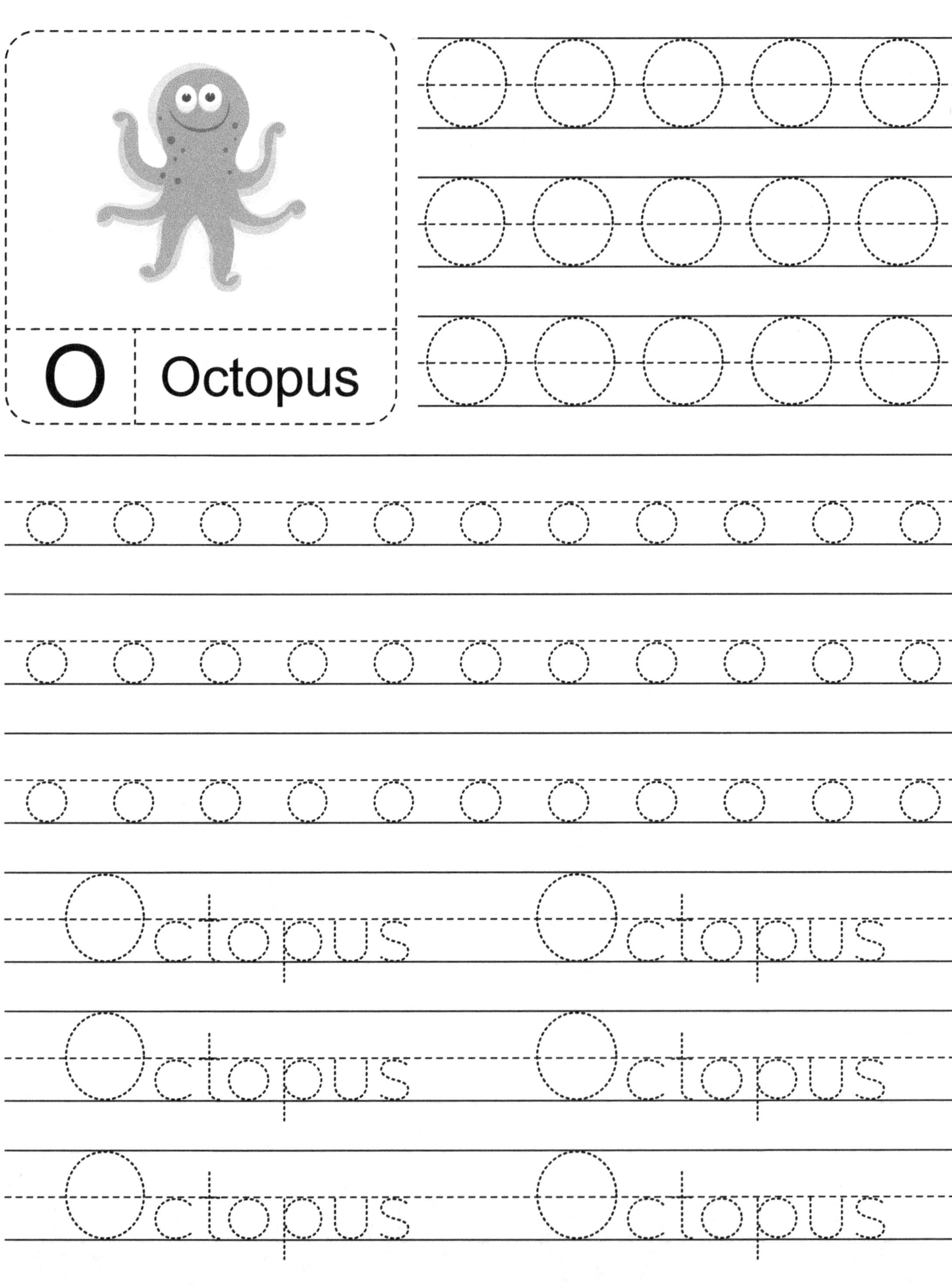

O | Octopus

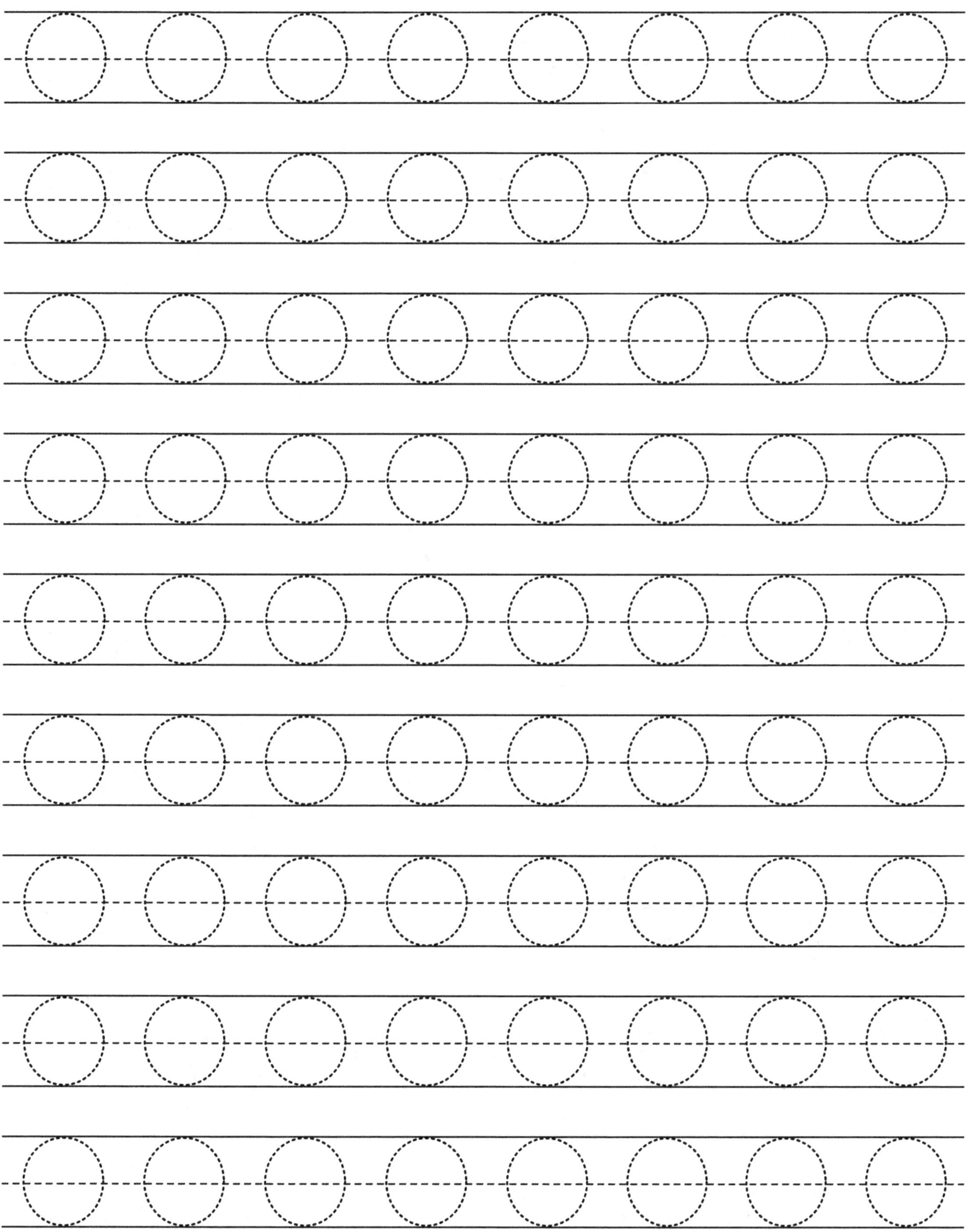

P
Panda

P P P P P P P P P

P P P P P P P P P

P P P P P P P P P

P P P P P P P P P

P P P P P P P P P

P P P P P P P P P

P P P P P P P P P

P P P P P P P P P

P P P P P P P P P

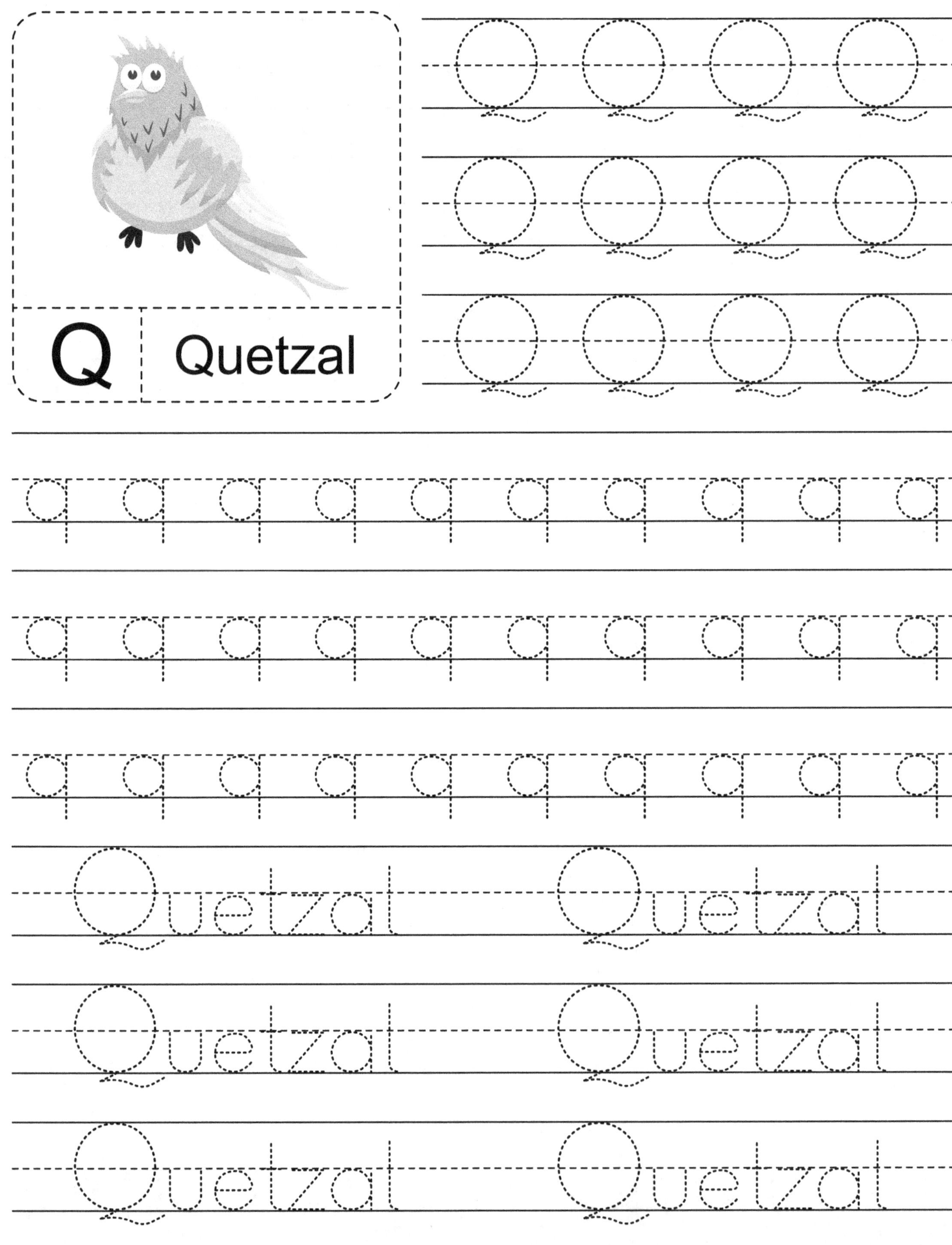

Q   Quetzal
Quetzal
Quetzal
Quetzal
Quetzal
Quetzal
Quetzal

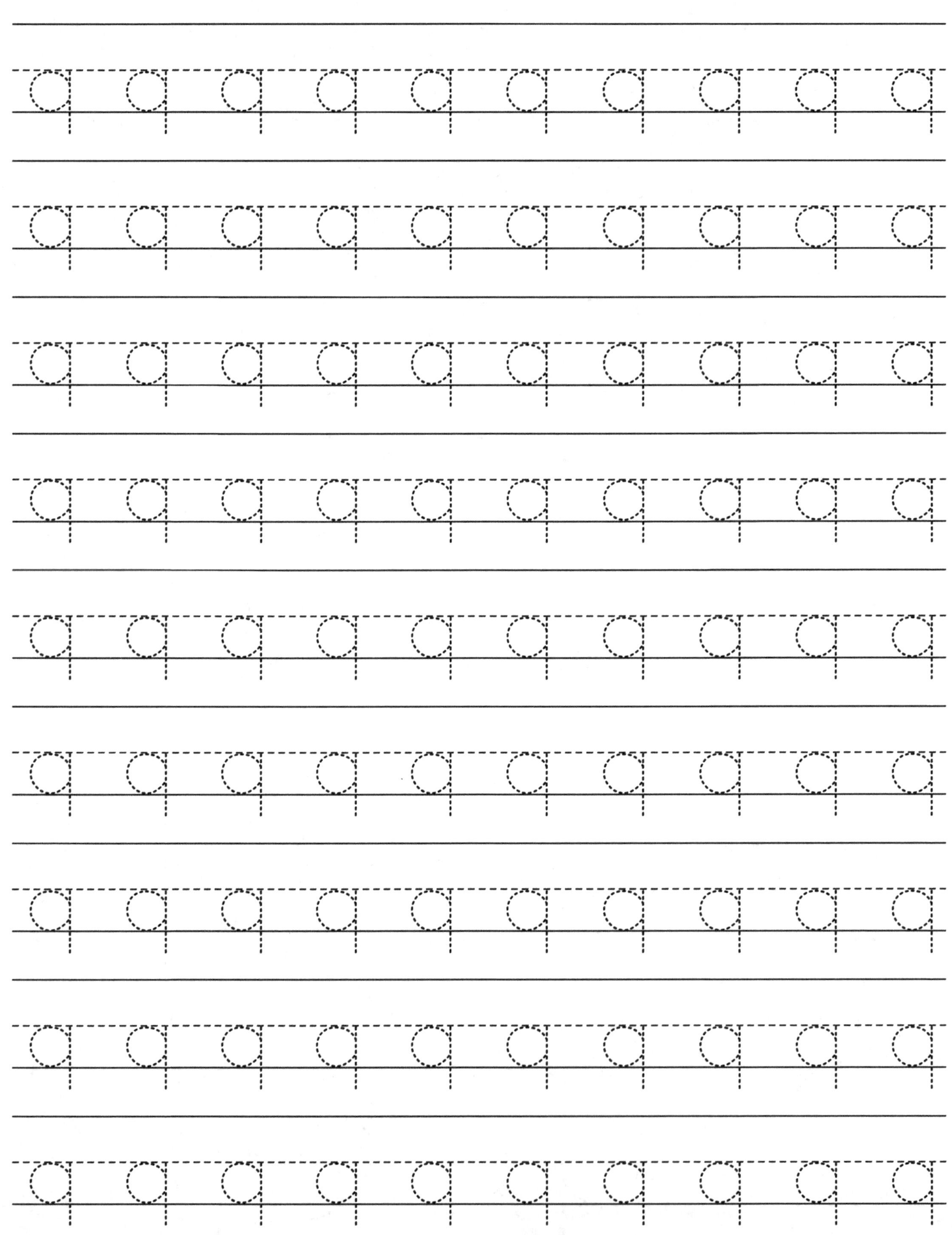

R Raccoon
R R R R R
R R R R R
R R R R R
r r r r r r r r r r r r r
r r r r r r r r r r r r
r r r r r r r r r r r r r
Raccoon Raccoon
Raccoon Raccoon
Raccoon Raccoon

R R R R R R R R R

R R R R R R R R R

R R R R R R R R R

R R R R R R R R R

R R R R R R R R R

R R R R R R R R R

R R R R R R R R R

R R R R R R R R R

R R R R R R R R R

S
Sheep

S S S S S S S S S

S S S S S S S S S

S S S S S S S S S

S S S S S S S S S

S S S S S S S S S

S S S S S S S S S

S S S S S S S S S

S S S S S S S S S

S S S S S S S S S

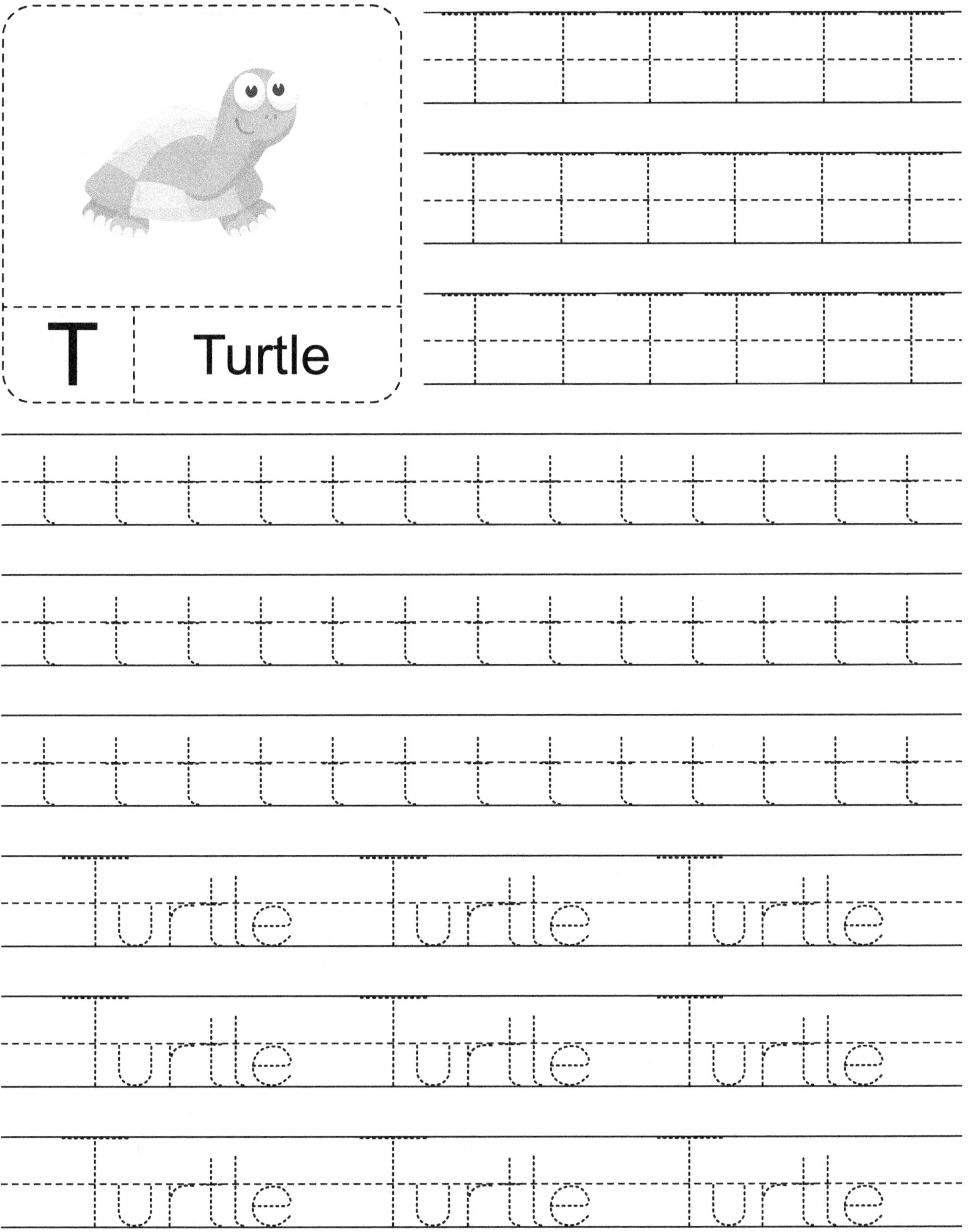

T Turtle
t t t t t t t t t t t t t t
t t t t t t t t t t t t t t
t t t t t t t t t t t t t t
Turtle Turtle Turtle
Turtle Turtle Turtle
Turtle Turtle Turtle

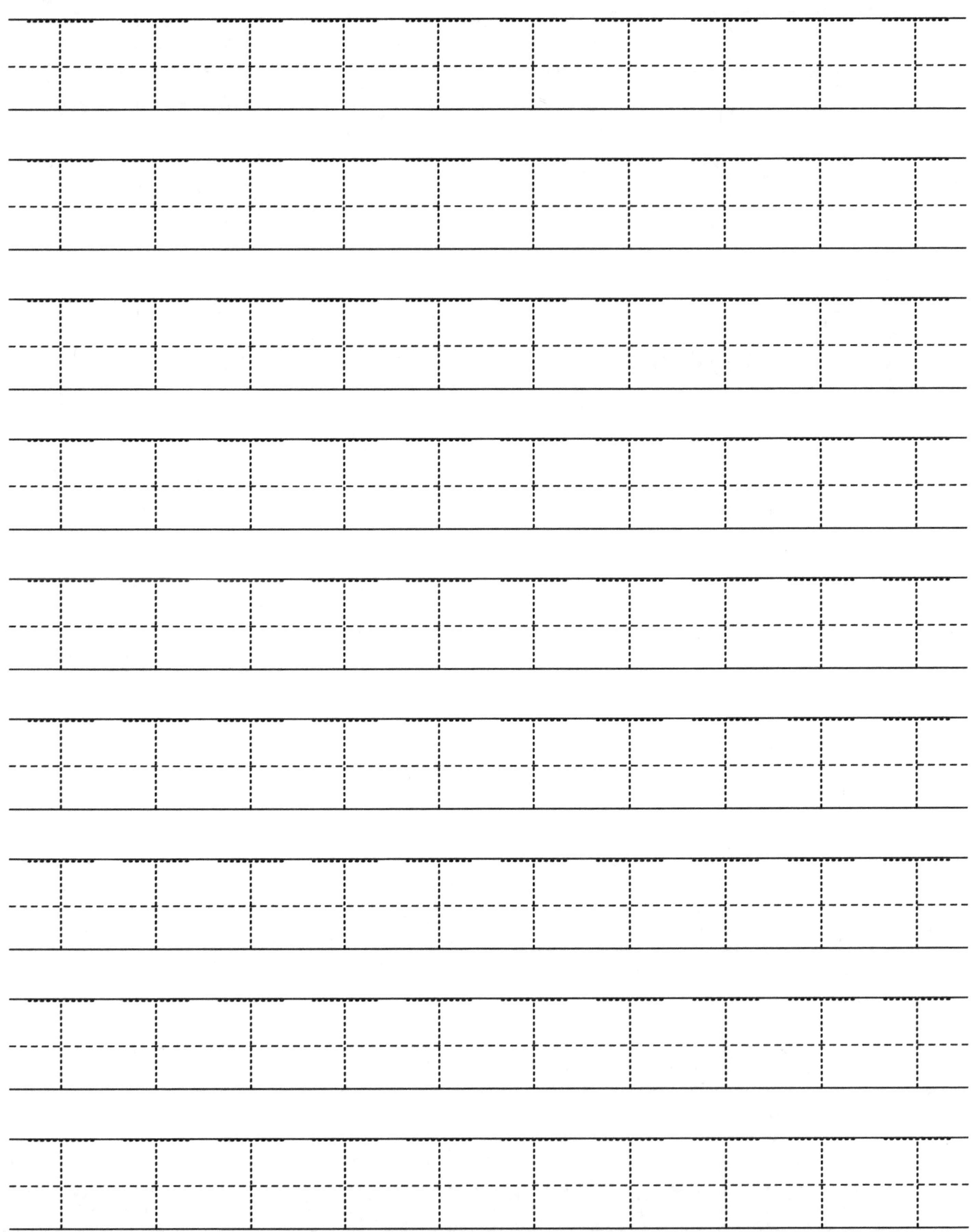

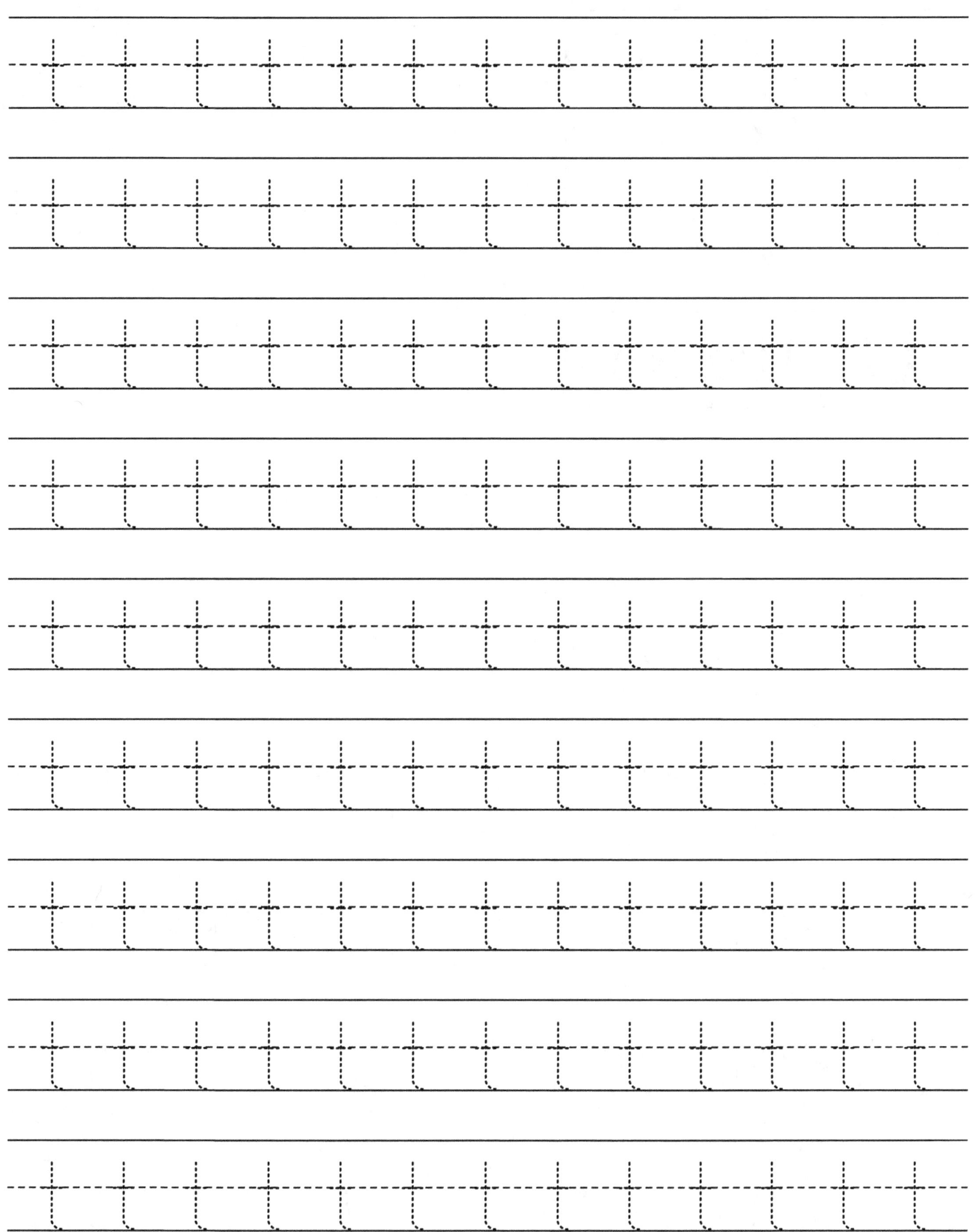

U
Unicorn
Unicorn
Unicorn
Unicorn
Unicorn
Unicorn

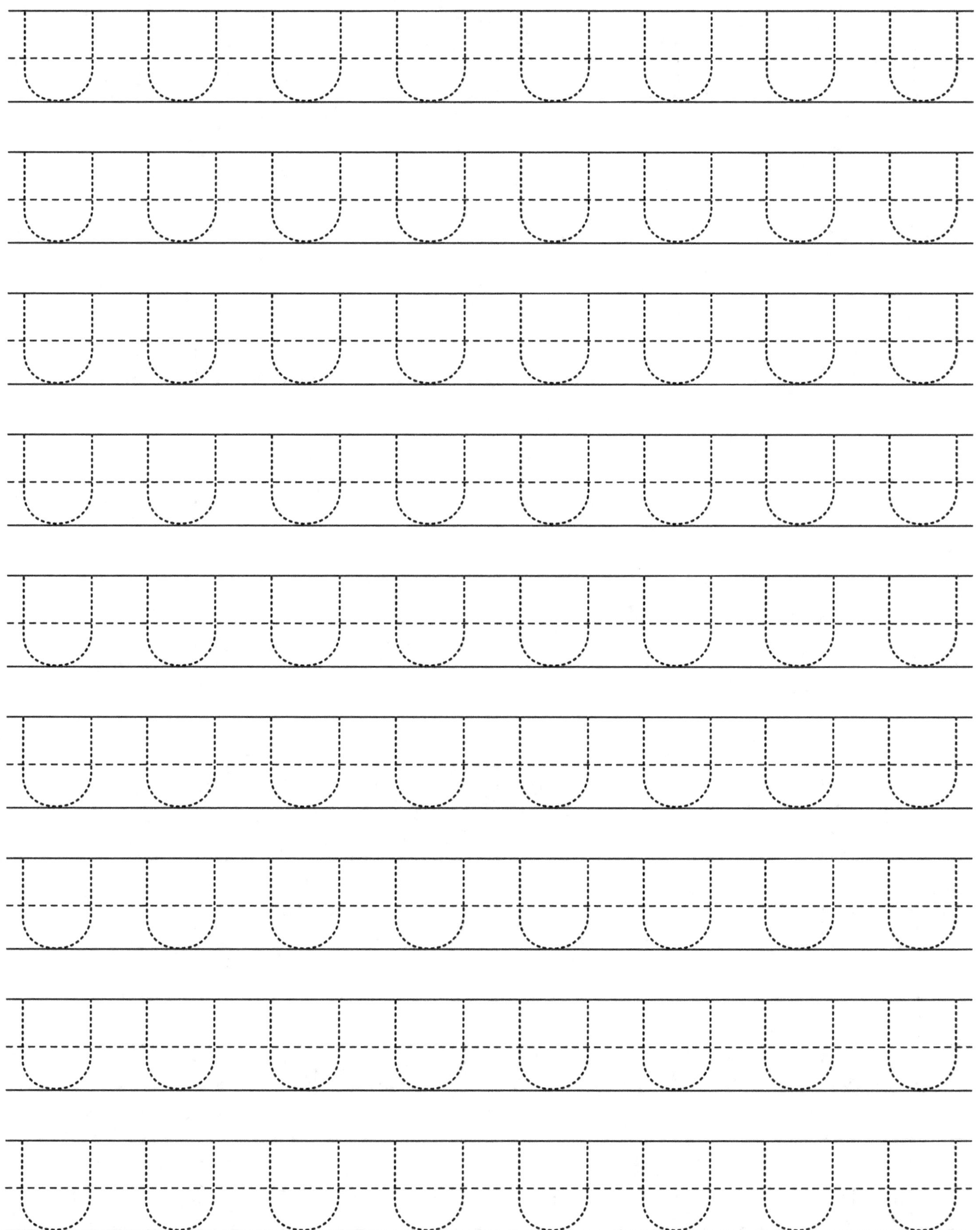

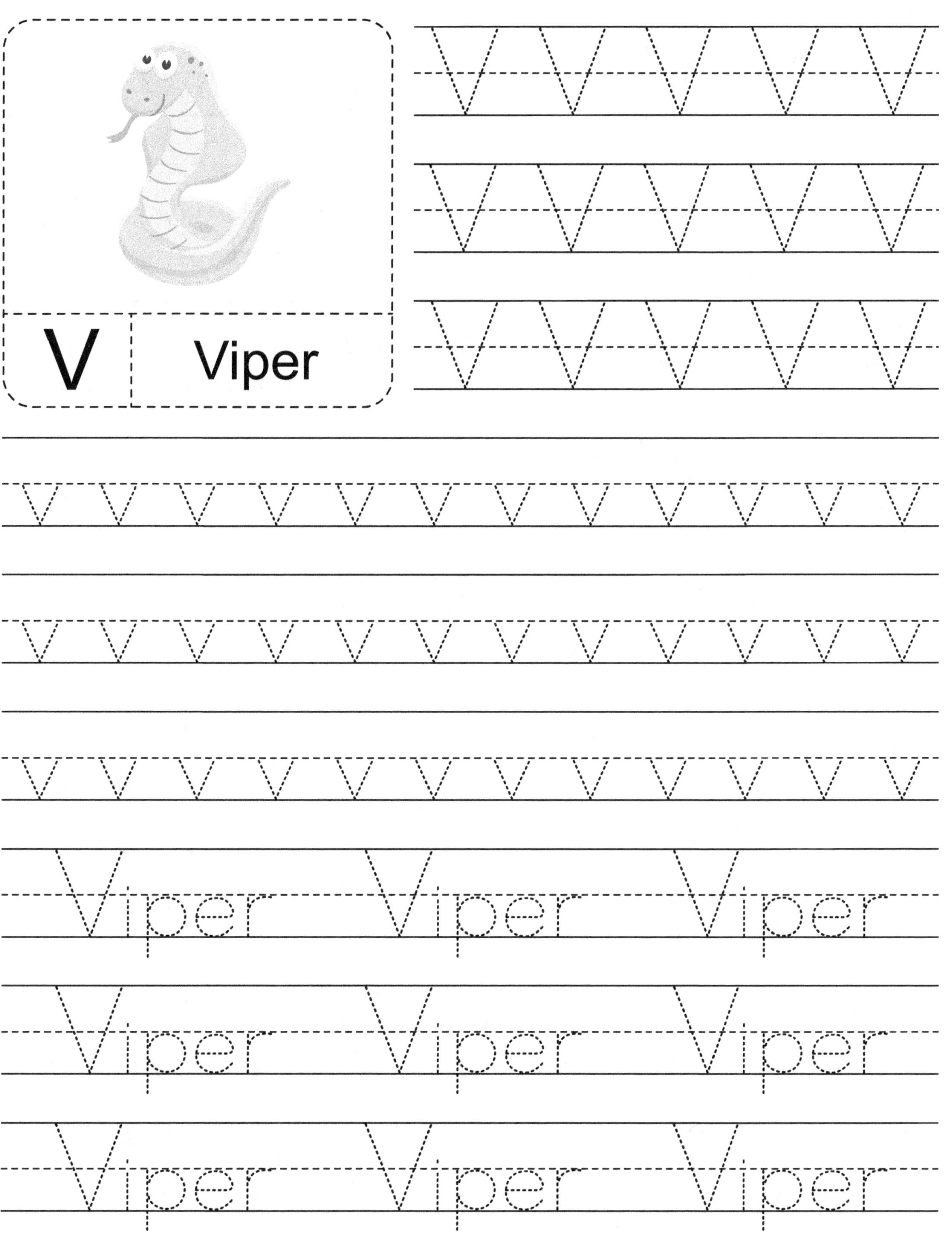
V
Viper
Viper

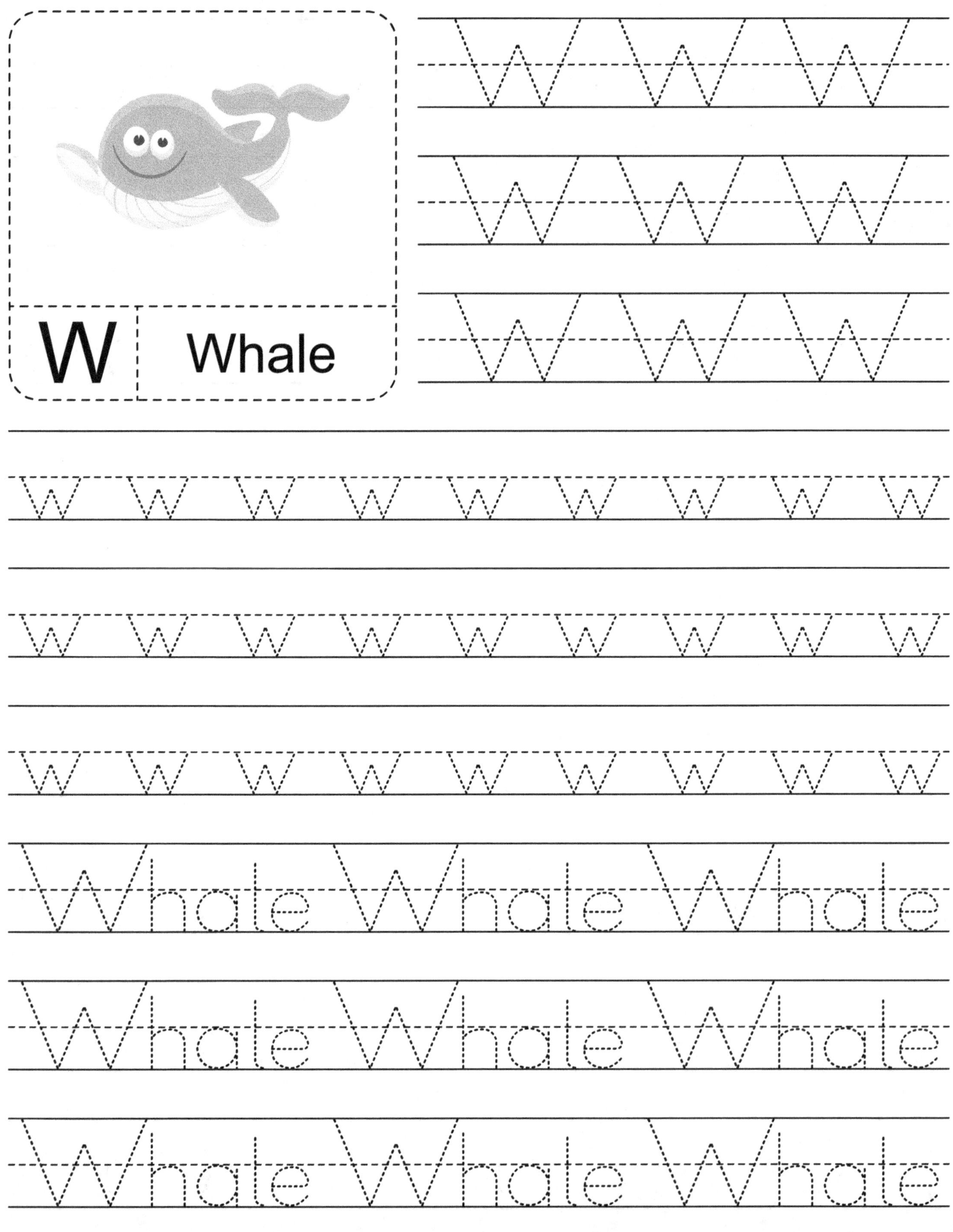

W | Whale

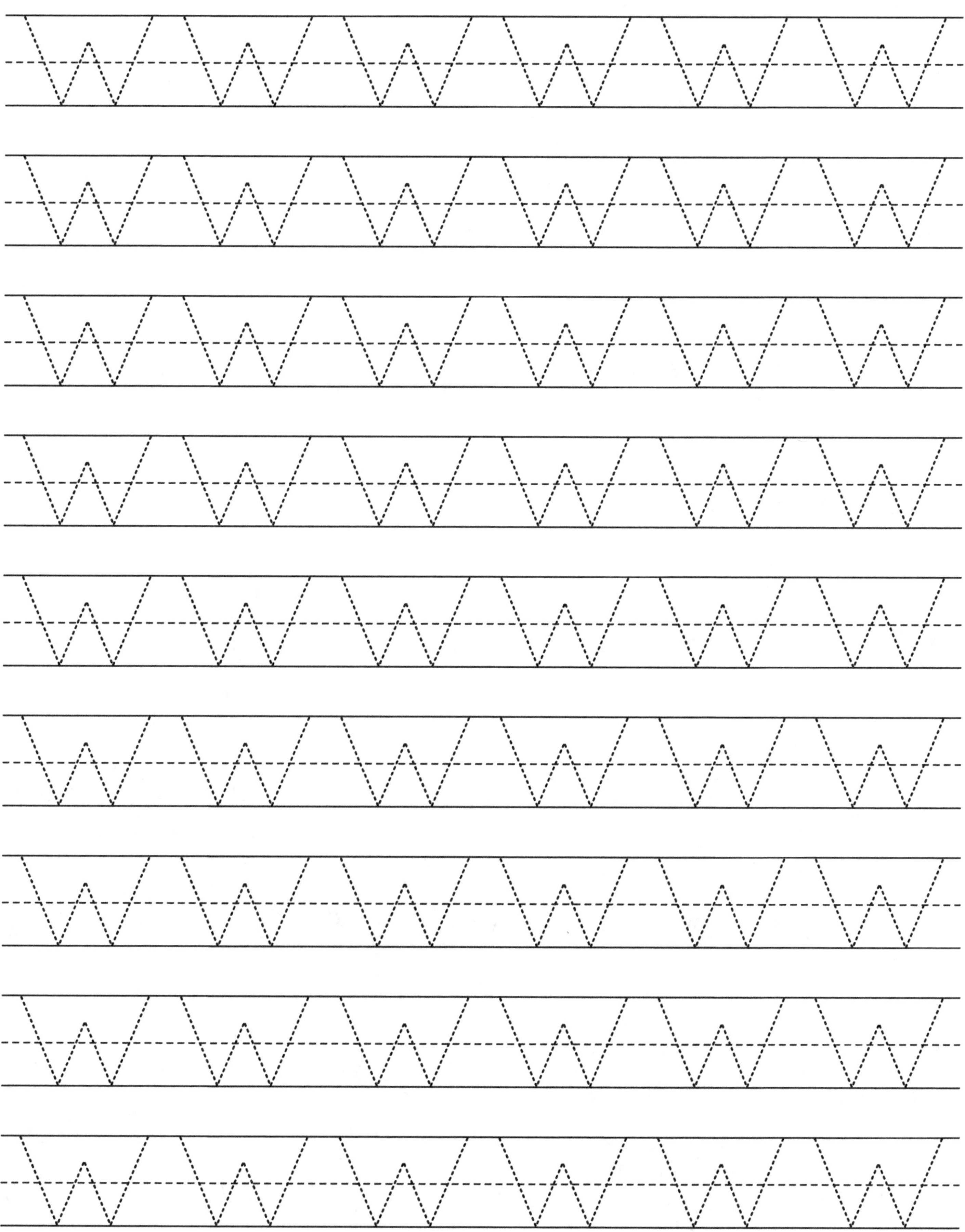

X
X-ray fish

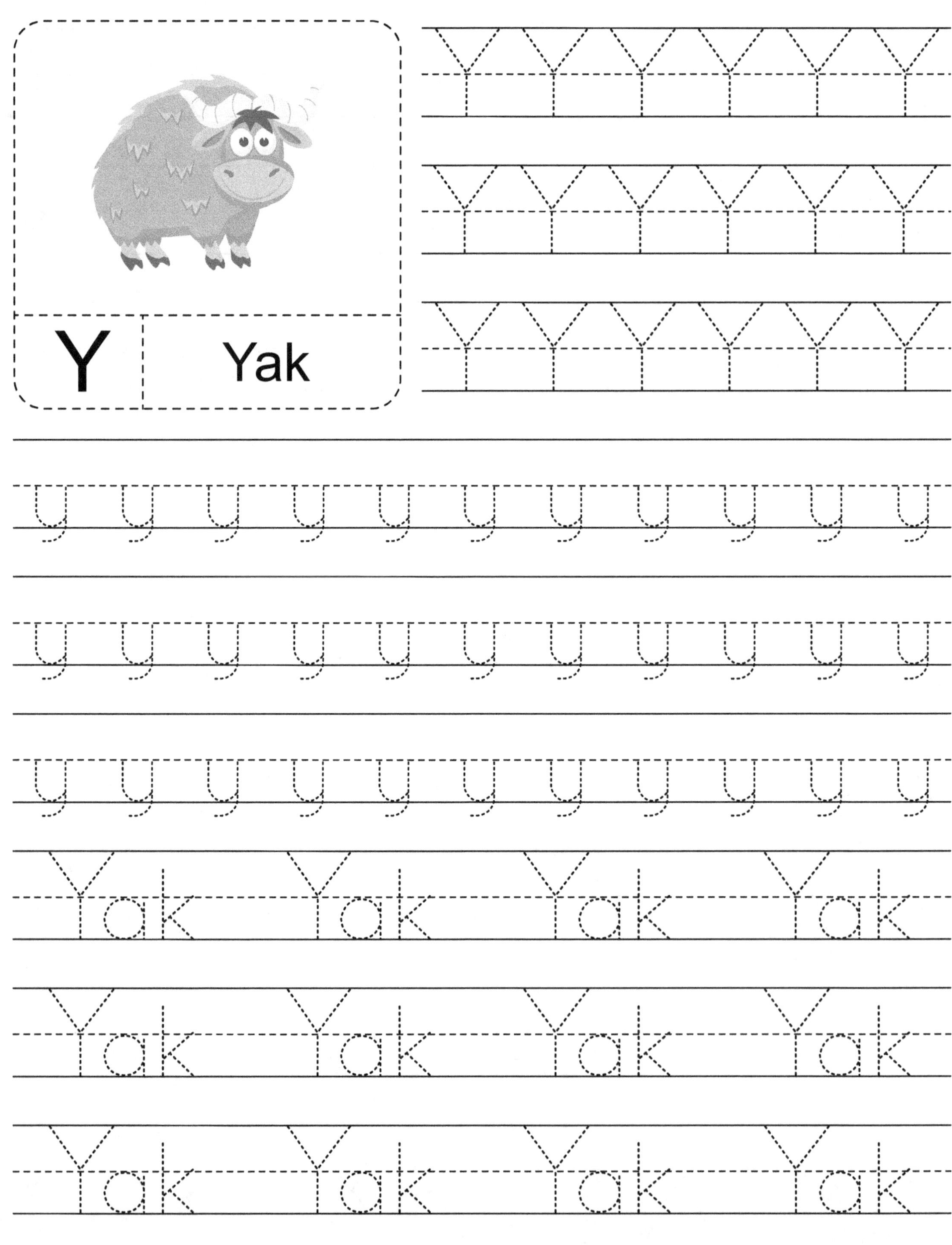

Y
Yak

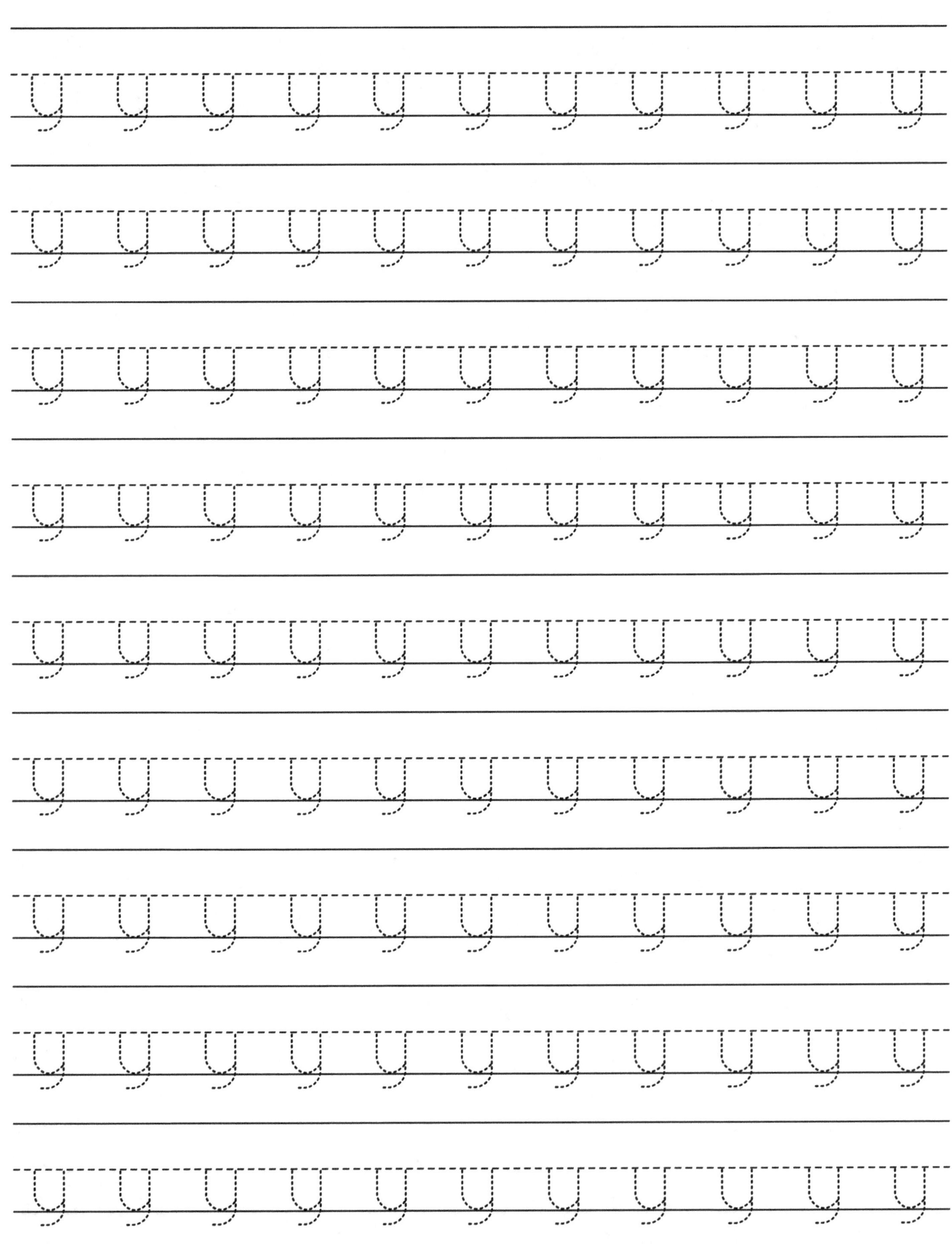

Z
Zebra
Zebra Zebra Zebra
Zebra Zebra Zebra
Zebra Zebra Zebra